LA
BARDINADE;
POËME.

LA BARDINADE;

OU
LES NÔCES
DE
LA STUPIDITÉ:
POËME
DIVISÉ EN DIX CHANTS.

Tantæ molis erat BARDORUM *condere gentem.*
Æneid. Lib. I.

M. DCC. LXV.

Moule & le Saumon; & que le Sage qui ne se trouve, ni à Paris, ni à Londres, ni à Berlin, est sans doute chez les Ourang-Outang.... Quel nom lui donneroit-on?

S'il se trouvoit un Peuple qui n'eût inventé aucun Art (1), qui n'en cultivât aucun; qui n'en encourageât aucun; quel nom mériteroit-il?

Si ce Peuple se vantoit d'être le modèle, l'oracle & le Législateur de toutes les Nations de l'Univers, & que pour le prouver, il envoyât à Coppenhague, des Coëffures au Port-Mahon; des Tabatiéres à la Silhouette, à la côte de Coromandel; des Cabriolets, à la Chine; & des Brochures, au Canada: auroit-on tort de l'appeller...?

Si ce Peuple ayant eu un siécle de bon goût, avoit pour lui un souverain mépris; qu'il crût être plus éclairé, parce qu'il a

---

(1) Voyez le Discours addressé aux Welches, par Antoine Vadé, frere du fameux Guillaume Vadé.

PRÉFACE.

ceux de nos Concitoyens qui le font un peu moins, l'affurent en rougiffant.... Les Peuples étrangers l'affurent en ricanant.... L'Europe entiere le dit... mais ton Poëme ne devoit pas le dire.

O mes chers Concitoyens, calmez vous... vous m'offrez un moyen de vous fatisfaire, en même tems que ma confcience ; je le faifis... l'Univers dit que vous êtes ftupides fans le prouver ; je vais le prouver fans le dire.

S'il fe trouvoit un Peuple qui pour avoir trop écrit, ne fût plus écrire ; qui à force de moralifer, ceffât d'avoir des mœurs, & à force de raifonner perdît la raifon... Quel nom devroit-on lui donner ?

S'il fe trouvoit un Peuple chez qui l'on foutînt avec applaudiffement que la ligne intermédiaire, qui fépare la nature de l'Homme, de celle du Singe, n'a prefque point d'étendue ; que ce François fi poli vêcut jadis dans l'Océan en fociété avec le

PRÉFACE.

JE viens prouver que ce Siécle est stupide... aussi stupide que le Siécle où nous sçavions ni lire, ni écrire, excepté quelques Dervis qui lisoient Albert le Grand, & qui écrivoient sur les Catégories d'Aristote; aussi stupide que le Siécle où nous mangions du gland, & où nous parlions Hébreu.

Mais j'entens mille clameurs s'élever de toutes parts contre moi... C'est un frénétique... C'est un monstre... C'est un ennemi de la Patrie... Il avance que nous sommes stupides: c'est bien un autre crime que de dire que nous n'avons point de Musique.

Il est vrai que la plûpart de nos Ouvrages prouvent que nous sommes stupides:

plus d'Académies; & avoir plus de gens de Lettres, parce qu'il a plus de Livres:

S'il avoit si fort vitié sa Grammaire, que lui-même n'entendît plus sa Langue; de sorte qu'il prît un *Religieux* pour un homme plein de Religion, un *Philosophe* pour un ami de la Sagesse, & un *bel-esprit* pour un homme d'esprit supérieur:

Si sa Prose avoit tellement changé de nature; que l'Etranger la prît pour des Vers sans rimes:

Si sa Poësie étoit devenue si rampante, qu'on la prît avec raison pour de la Prose rimée:

Si son Théâtre avoit tellement dégénéré, que ses bonnes Tragédies ne fussent plus qu'en Parodies; & que les chefs-d'œuvres de Thalie fussent abandonnés, pour son Opéra-Comique & ses parades... Si... je n'ai pas prouvé que je ne fusse pas un frénétique & un monstre; mais j'ai du moins demontré, que j'avois raifon d'écrire mon Poëme, & de le publier.

La Stupidité fixant le fiége de fon Empire dans une moderne Athènes ; allant à la tête d'une légion de Bardoux, embrâfer le Temple du Goût, & ramenant tous les Peuples à l'Anarchie primitive ; eft un des plus beaux fujets que puiffe enfanter l'imagination Poëtique, & il réuffira par-tout, pourvû que l'Auteur ne foit pas plus ftupide que fes Lecteurs.

Le premier Ecrivain qui tenta d'exécuter ce projet ingénieux, eft Wicherley, Poëte Comique Anglois, grand Admirateur de Molière, & fouvent fon Copifte (2). Son

---

(2) Wicherley eft Auteur de quatre Comédies qui ont été jouées avec fuccès fur les Théâtres de Londres ; c'eft le Parc Saint-James ; le Gentilhomme Maître à danfer ; le Plain-déaler, imité par M. de Voltaire dans fa Prude ou Gardeufe de Caffette ; & le Contry Wife... A l'âge de 81 ans, onze jours avant fa mort, & fe voyant abandonné des Médecins, il époufa une jeune Demoifelle d'un grand mérite, & fatisfait d'avoir fait la fortune d'une amie, il paffa tranquillement du lit nuptial dans le tombeau.

PRÉFACE.

Poëme eſt diviſé en quatre Chants. Le premier qui renferme l'éloge de la Stupidité, la peint ſous les figures diverſes qu'elle emprunte, ſoit qu'elle prenne le maſque de la Religion, ſoit qu'elle ſe couvre de celui de la Philoſophie, ou qu'elle ſe contente de celui de l'Eſprit. Le ſecond traite des avantages qu'elle procure, puiſqu'elle tient en main la clef des Dignités, & le coffre de Plutus. Le troiſiéme roule ſur le bonheur de la Stupidité dans tous les Etats ; on y prouve que le Public l'honore dans le Courtiſan ſous le nom de Politeſſe ; dans les gens d'Egliſe, ſous celui de Circonſpection ; dans le Bourgeois, ſous celui de Probité ; & en général chez tous les Sots, ſous le titre de bon ſens. Enfin le quatriéme Chant eſt une eſpèce d'Analyſe des trois premiers : l'Ironie y devient encore plus piquante, en ce que le bel-eſprit indigent & opprimé, y contraſte ſans ceſſe avec la Stupidité opulente & honorée.

Notre Auteur traita ce ſujet en Philoſophe, plutôt qu'en Poëte : la marche trop didactique de son Ouvrage, appésantit l'imagination du Lecteur, au lieu de l'échauffer; & le Poëte eut tort de vouloir être Lucrèce, où il ne devoit être que l'Arioste.

Wicherley, à l'âge de 72 ans, consulta sur ce Poëme, Pope qui n'en avoit alors que 16 : celui-ci au lieu de s'amuser à le corriger, auroit dû lui faire entendre que ce sujet n'étoit point fait pour lui; & que la main glacée d'un vieillard, ne sçauroit toucher aux roses de l'imagination sans les faner.

Au reste, il arriva alors au Poëte Anglois, ce qui arrive à tout Ecrivain qui sort de la sphère de ses talens. Corneille échoua quand il voulut traduire l'Imitation; & de nos jours on a vu Destouches, par ses Epigrammes & ses Poësies diverses, faire oublier l'Auteur du Glorieux, & du Philosophe marié.

Un homme de génie qui avoit déja déployé les richesses de la plus brillante imagination, dans sa Boucle de cheveux enlevée,

& les Fruits de la Raison la plus sublime, dans son Essai sur l'homme, entreprit d'élever l'Edifice, dont son vieil ami avoit jetté quelques fondemens ; mais quoique Pope n'ait point tout le mérite de l'invention, son Poëme ne peut pas plus entrer en parallele avec celui de Wicherley, que la Venus de Médicis, avec celle qu'on montre aux Marionnettes.

Cibber désespéré de la chûte d'une de ses Comédies, se proposoit de réduire en cendres tous ses Ouvrages, soit imprimés, soit manuscrits. Déja le feu prend au bûcher, lorsque la Stupidité voulant prévenir un incendie si fatal à ses desseins, accourt & éteint le feu, en le couvrant du Poëme de Thule, Brochure imparfaite de Philips : elle transporte ensuite son Favori dans son Temple, l'initie dans ses mystéres & le proclame Poëte couronné... Tel est le sujet du premier Chant de la Dunciade.

Le second Chant est sans doute une Parodie de quelques Chants de l'Iliade & de l'Enéide.

l'Enéide. La Déesse fait célébrer divers jeux en l'honneur du nouveau Roi ; comme Achille dans Homère en fait célébrer pour les funérailles de Patrocle ; & Enée dans Virgile, pour l'anniversaire de la mort d'Anchise. Les Critiques & les Poëtes, accompagnés de leurs Mécènes & de leurs Libraires, sont les Acteurs de ces jeux. Le premier prix digne des Athlétes les plus cyniques, est destiné [qui le croiroit ?] pour celui d'entr'eux qui pisseroit le plus haut ; un Mylord Anglois promet ensuite sa protection à celui des Poëtes, qui le chatouillera le mieux ; la Déesse donne trois siflets aux Auteurs, dont les cris se font entendre le plus loin, & les Journaux hebdomadaires à celui qui plongera le mieux dans la fange ; enfin la Stupidité invite les Critiques à un exercice qui mette à l'épreuve, non leurs talens, mais leur patience, c'est d'écouter sans dormir la lecture d'un Ouvrage en Prose de l'Orateur Henley, & d'un Poëme de Blackmore ; cette lecture endort bientôt les Acteurs & les Spectateurs, & termine ainsi naturellement les jeux.

PRÉFACE.

La Parodie du sixiéme Livre de Virgile, fournit la matiére du troisiéme Chant. Pendant le sommeil de nos Sots, Cibber descend dans les Enfers, conduit par une *Sybilles en galoches* : il monte sur une éminence, d'où il découvre les triomphes passés de l'Empire de la Stupidité, & ceux que l'avenir lui réserve. Il apperçoit la Grande-Bretagne, déchirée par des légions de Moines (3), & appésantie par les balourdises des Scholiastes, les Satyres grossiéres des Journalistes, & les Vers des mauvais Poëtes. Tout-à-coup la Scène change, & le nouveau Roi voit avec surprise toutes les merveilles de son régne qui va commencer. Ici la Farce prend la place de la Tragédie, & les Spectacles des Bâteleurs succédent au Jules-César de Shakespéar, & au Caton d'Addisson ; là, un Philips, un Ralph, un Welsted, sont en honneur & pensionnés de la Cour ; tandis que les Edifices superbes construits par Jones, tombent

---

(3) Pope a la hardiesse de mettre encore en note ce Vers de la sixiéme Eclogue de Virgile :

Et fortunatam si nunquam armenta fuissent.

en ruine; que Swift est relégué en Irlande, & que Pope lui-même passe dix ans à commenter & à traduire.... Cibber contemploit avec transport tous ces prodiges; mais tout-à-coup la vision s'envole par la porte d'yvoire.

Dans le derniere Chant, la Stupidité monte sur son Trône; tandis que la tête de son Héros repose tranquillement sur son giron. L'Opéra Italien vient en personne chanter un Récitatif devant la Reine; ensuite la Renommée sonne de la trompette, & oblige tous les Peuples de comparoître devant le Trône de leur Souveraine. Le Génie des Ecoles parle le premier, & harangue en faveur du Pédantisme. Un Quakre député des Universités, appuie ses paradoxes par de nouveaux sophismes; mais ils sont chassés tous les deux par un petit-maître de France, qui s'avance entre son Gouverneur & une fille de joie. Le nouveau Mentor fait à la Déesse le récit des voyages de son cher Thélemaqne; & à sa priére la Stupidité couvre de son voile nos trois Acteurs,

& fait évanouir en eux tout sentiment de pudeur. Des Antiquaires, des Fleuristes, des Esprits forts, des Académiciens, &c. passent ensuite en révue devant la Reine; elle confirme tous leurs Priviléges. Lasse enfin des travaux de ce grand jour, elle baille : toute la Nature à l'instant se sent assoupie, le Chaos est retabli dans son Empire, & toute la Terre est couverte des ombres de la Nuit.

Tel est le plan de cette Dunciade (4), que l'Anglois regarde comme un des plus beaux monumens de son Siécle.

Pour moi, la premiere fois que je lus cet Ouvrage singulier; surpris d'y trouver tant d'imagination dans le plan, tant de beauté dans les détails, une critique aussi saine, des allusions aussi fines, des plaisanteries aussi ingénieuses; je crus que l'ame

---

(4) Dunciade vient du mot Duns, qui signifie *Bardus, stolidus*, un *sot*, un *stupide* ; c'est aussi l'étymologie du mot Dunskou.

de l'Ariofte avoit paffé toute entiere dans le Poëte Anglois.

Mais d'un autre côté, quand je lus l'Epifode de Cloacine (5); les Jeux Cyniques que la Stupidité propofe, & la defcription des prix indécens qu'elle accorde aux vainqueurs (6); tant de comparaifons baf-

---

(5) Cloacine eft la Déeffe des Cloaques : fa protection obtint à Curl le prix de la courfe que méritoit Lintôt.... Voici le paffage qui y donna lieu, fuivant la traduction de M. de Voltaire.

» Au milieu du chemin on trouve un Bourbier que Ma-
» dame Curl avoit produit le matin : c'étoit fa coutume de
» fe défaire au lever de l'aurore, du marc de fon fouper de-
» vant la porte de fa voifine. Le malheureux Curl gliffe ; la
» troupe pouffe un grand cri, le nom de Lintôt raifonne
» dans toute la rue ; le mécréant Curl eft couché dans la vi-
» lainie couvert de l'ordure qu'il a lui-même fournie, &c.

Le portrait de la Molleffe dans le Lutrin, dit ingénieufement M. de Voltaire, *eft d'un autre genre; mais on dit qu'il ne faut pas difputer des goûts.*

(6) Ces prix font tantôt une mefure de charbon; tantôt un pot-de-chambre de porcelaine; tantôt une tapifferie groffiere au haut de laquelle paroît Defoë fans oreilles & fans pudeur, & au bas le Journalifte Tutchin qui venoit d'être battu de verges ; Curl y voit auffi deux de fes amis

PRÉFACE.

fes (7), idées abſurdes, & d'images groſſieres, enfin des déclamations ſi violentes contre les Miniſtres de la Religion, & des Satyres auſſi ameres contre les Cibbers, les Curls & les Oſbornes; je penſai que la Dunciade pouvoit être l'ouvrage du plus cruel ennemi de Pope, & qu'il l'avoit mis ſous le nom de ce grand homme, pour le deshonorer.

Il n'eſt point étonnant que la Dunciade ait moins fait de fortune en France qu'en

---

roués de coups, mais à ſa grande ſurpriſe il s'y voit lui-même voltigeant en l'air & retombant ſur une couverture, dont les Ecoliers de Weſtminſter tenoient les bouts.... Je doute que cette Parodie de la deſcription du fameux bouclier d'Homère, plaiſe à tout Lecteur qui ne ſera pas Anglois.

(7) Ici Cibber mord par-tout comme une induſtrieuſe punaiſe. Là c'eſt la voix de Webſter qui ſe fait entendre d'une façon auſſi bruyante que celle d'une âneſſe qui exprime le regret qu'elle a d'être ſéparée de ſon ânon; ailleurs c'eſt la Stupidité qui conſeille à ſon fils de ſe ſervir de la ruſe qu'emploie une habile M... qui revend avec ſuccès des filles uſées, après leur avoir donné quelque nouveau nom honorable.... Reconnoit-on ici l'Auteur ſublime de l'Eſſai ſur l'homme?

Angleterre (8); on pouvoit reprocher avec raison à Pope d'avoir violé dans cet Ouvrage la décence qui doit être l'appanage de tout Auteur vertueux, qui écrit pour des Lecteurs vertueux; de s'être appésanti sur l'histoire de ses quérelles avec des Ecrivains obscurs; & d'avoir moins été le Défenseur du goût outragé, que son propre Panégyriste.

Au reste je ne serois point surpris que, même chez les Anglois, la Dunciade perdît un jour une grande partie de sa réputation. Quand les Cibbers, les Blackmores, les Concanen, les Milbourn & les Oldmixons seront morts; on trouvera moins de sel dans la Satyre d'Auteurs qu'on ne lit plus : j'ajouterai encore que tout Auteur qui écrit pour son Siécle, écrit rarement pour la postérité. Milton fut long-tems mé-

---

(8) En moins de deux ans on en fit huit Editions en Angleterre : on l'imprima avec toute la pompe imaginable; on y mit des *Prolegomena*, des *Testimonia Scriptorum*, un *Index Authorum*, & des notes *Variorum*... A peine au bout de deux mille ans a-t-on accordé le même honneur à Homere.

PRÉFACE.

prifé, tandis qu'on élevoit jufqu'aux cieux l'Auteur d'Hudibras; & qui fçait fi Shakefpéar lui-même ne tomberoit pas un jour fur les Théâtres de Londres, fi l'on y repréfentoit fouvent des Pièces telles que le Caton d'Addiffon?

Après Pope, je fuis donc contraint de parler de moi-même; & je le ferai avec toute la fincérité qu'on peut attendre d'un homme, qui ne met pas affez de prix aux couronnes littéraires, pour en ufurper des fleurons.

On s'appercevra aifément que le Plan de mon Ouvrage n'a prefque nul rapport avec celui de la Dunciade : auffi quand je l'entrepris, j'ignorois jufqu'au nom du Poëme Anglois. Mon projet étoit fort fimple; je comptois mettre aux prifes le bon goût, avec le goût moderne; & laiffer la victoire à ce dernier champion. Je voulois faire pour mon amufement un Poëme Comique de trois ou quatre cens Vers, & non pas devenir le Rival de l'Ariofte.

En travaillant, mon imagination se développa ; les matériaux groſſirent ſous ma main ; & je m'apperçus bientôt que les perſonnages que j'avois à peindre, ne devoient point être eſquiſſés dans une Mignature, mais devoient figurer dans un grand Tableau.

Je formai alors un Plan tout différent (9) ; je diviſai mon Poëme en dix Chants, mais mon Héros étoit toujours le goût moderne, qui épouſoit une femme Auteur.

L'Ouvrage étoit enfin terminé, quand les Œuvres de Pope me tomberent entre les mains : je lus avec empreſſement la Dunciade ; Pope me parut, comme la plûpart des Auteurs Anglois, tantôt ſublime, & tantôt fol ; j'admirai ſon Poëme... mais je ne brûlai pas le mien.

Le parallele que je fis des deux Ouvra-

---

(9) Ce Plan raiſonné ſe trouve à la fin du Poëme, & pourroit ſervir d'Argumens à chaque Chant.

ges, m'engagea seulement à faire plusieurs changemens au mien : j'imitai l'Episode de Cibber qui fait un bucher de ses propres Ouvrages ; j'adoptai le sommeil du dernier Chant qui formoit un dénouement beaucoup plus naturel que le mien ; & je fis à l'exemple de mon modèle, de la Stupidité mon Héroïne, en lui donnant Dunskou pour Epoux.

Enfin, quand je trouvai dans Pope quelqu'idée plus neuve, quelqu'image plus riante, quelque comparaison même plus saillante que celles que j'avois employées, je ne balançai point à les transporter dans notre Langue ; mais j'eus soin de les habiller à la Françoise ; afin qu'on ne pût me reprocher de me servir des armes de mon Rival, pour lutter contre lui.... Ainsi je fis à Pope le même traitement qu'il avoit fait à Boileau, que Boileau avoit fait à Horace, qu'Horace avoit fait à Homère, qu'Homère avoit fait à Hésiode, & qu'Hésiode avoit fait aux Poëtes qui l'avoient précédé ; car il y a dans la Littérature une chaîne qui lie tous les Auteurs, depuis Hésiode jufqu'à l'Abbé Bétoulaud.

L'homme de bien qui comparera la Dunciade & la Bardinade, fera étonné qu'ayant une fi belle carrière pour exercer la fatyre, je ne l'aie cependant pas fait; il admirera d'abord les mœurs de ma nation; enfuite il me fçaura quelque gré.

Je déclare donc que je n'ai nommé nul Auteur vivant, fi ce n'eft pour le louer. Je défavoue d'avance toutes les clefs qu'on pourroit donner à mes Portraits : Dunskou, Baltus, Craffus, Gildon; fignifient Dunskou, Baltus, Craffus, Gildon, & rien de plus (10).

Si toutefois parmi les enfans anonymes, fur lefquels s'exerce ma critique, il s'en trouvoit dont les peres fuffent vivans; je

---

(10) Si cependant il fe trouvoit des hommes taxés d'infamie, comme le Rollet de Boileau ; je penfe qu'on pourroit les regarder comme des hommes morts à la fociété... Mais à coup fûr, il ne fe trouve pas dans ce Siécle deux Ecrivains de cette trempe.

PRÉFACE.

réponds : ou l'Ouvrage que je cenfure eſt bon, & alors il reſtera, & ma critique tombera ; ou il eſt mauvais, & je conſeille alors à l'Auteur de ne pas ſe nommer.

L'Epiſode même des Financiers dans le huitiéme Chant, ne doit être regardé que comme un badinage Poëtique ; je n'ai jamais connu qu'un ſeul Financier, & il étoit homme de bien (11).

J'ai eu occaſion de parler des Rois, de ma Patrie, de la Religion même, & je ſçais que le ſujet que je traite eſt très-délicat, qu'il prête beaucoup à l'imagination, & qu'il en ſuit naturellement le déſordre ; mais l'aveu que je vais faire me juſtifiera aux yeux de l'homme de probité, le ſeul pour qui j'écris.

Si je n'avois point eu de Patrie, j'aurois choiſi celle où le ciel m'a fait naître : dans

---

(11) Il en eſt de même des Journaliſtes, je reſpecte très-ſincérement le Journal des Sçavans, le Journal Encyclopédique, &c.

quelque Monarchie que le fort m'eut placé, j'aurois defiré d'avoir Louis pour mon Roi : enfin, fi par un évènement bizarre une Forêt m'avoit vu naître, & qu'une Lionne eut préfidé à mon éducation ; obligé de choifir entre les divers cultes qui partagent la terre, je me ferois arrêté à celui du Chriftianifme, comme le feul qui vienne du Ciel, & qui y ramène.

Voilà en deux mots, une efpèce de profeffion de foi : elle paroîtra bizarre, à la tête d'un Poëme ; mais à coup fûr ce ne fera qu'à ceux qui n'en ont point.

Je ne veux point terminer mon Poëme fans parler de fon ftyle. Malgré les foins que j'ai pris pour en rendre la verfification correcte ; je ne me diffimule point les défauts en grand nombre qui y font répandus : le tems & une Critique éclairée pourront en faire évanouir une grande partie ; mais certainement les lumiéres de tous les hommes réunies, ne fçauroient en faire un Ouvrage parfait.

J'ose espérer de trouver grace devant des Lecteurs sans préjugés : ceux-ci me pardonneront les fautes du plan, en faveur de quelques beautés de détail ; ceux-là me pardonneront les défauts de détail, en faveur de quelques beautés dans le plan.

Pour ce qui regarde les Satyriques de profession, qui se nourrissent de fiel & de feuilles, & qui ne disposent de leur plume venale qu'en faveur des Auteurs qui leur ressemblent ; leur Satyre fera mon éloge.

Au reste, pour être plus tranquille sur les Critiques qui inonderont mon Poëme, je garde l'anonyme ; cette précaution prévient au moins les deux tiers des défauts qu'on trouveroit dans l'Ouvrage.

POST-SCRIPTUM.

CET Ouvrage étoit déja entre les mains de l'Imprimeur, quand le hasard m'a procuré un exemplaire d'une Satyre Françoise contre des personnes très-respectables dans la Littérature, telles que Mrs Duclos, Marmontel, Diderot, &c. sous ce titre: *La Dunciade, ou la Guerre des Sots*: l'intention de l'Auteur, ayant été diamétralement opposée à la mienne; il n'est pas surprenant que nous ne nous soyons jamais rencontrés... Il y a entre la Satyre & la Critique des limites intermédiaires, que l'homme de goût connoît, & que l'homme de bien ne franchit jamais.

FAUTES A CORRIGER.

*P*age 2, *Vers* 1 & 3. *La ponctuation altere le sens de ces Vers : il doit y avoir une virgule, au lieu d'un point après ce mot éclos ; & un point & une virgule, au lieu d'une simple virgule, après végétaux.*

Page 5, *Vers* 5. Le lit l'ennuye, *lisez* Le lit, l'ennui, &c.

Page 53, *Vers* 3 & 6. *Corrigez la ponctuation en mettant une virgule après ce mot* République, *& un point avec une virgule après ses erreurs sans fin.*

Page 65, *Vers* 25. Souverains de la Seine, *lisez* de la Scène.

Page 87, *Vers* 4. *Après ces mots* d'un million de Sots, *mettez une virgule & non un point.*

Page 109, *Note* 1, *premiere ligne. Au lieu de* Bondier, *lisez* Boudier.

Page 123, *Vers* 19. Je n'employerai, *lisez* n'emploirai.

LA

LA BARDINADE.

CHANT PREMIER.

LA SOIRÉE DE L'OPÉRA.

ARGUMENT.

Sujet du Poëme. Dédicace. Caractère de la Stupidité. Elle se rend à l'Opéra le jour d'une représentation d'Amadis de Grèce; & y déclare le projet qu'elle a conçu d'épouser le plus stupide des François. La Renommée en porte la nouvelle dans tous les Caffés de Paris. Effet qu'elle produit sur les esprits.

J'OSE chanter l'hymen de la Sottise,
Et l'Univers que son joug tyrannise
Appésanti sous d'éternels pavots.
Jadis Milton aux bords de la Tamise

Peignit ce globe au sein du vuide éclos.
Docile au Dieu dont le doigt l'organise,
Et produisant d'utiles végétaux,
Je vais tracer à la France surprise
Ce globe en proie à la Reine des Sots;
Et de l'Anglois empruntant la franchise,
J'ajoûterai quel motif l'autorise
A nous plonger dans la nuit du chaos.
Qu'en célébrant les combats d'un Héros
Avec Cèsar Lucain s'immortalise;
Tout au rebours ma Muse tranquillise
Et laisse Mars pour chanter le Repos.
Jamais Poëte inspiré de Minerve,
Pour étaler les trésors de sa verve,
Ne put choisir de plus brillant sujet :
Que n'ai-je encor, pour assurer ma gloire,
Tous les pinceaux de cet Auteur parfait
Qui de Ververt nous raconta l'histoire,
Et mit son nom au Temple de Mémoire,
En y mettant celui d'un Perroquet ?

Toi qui joignis la trompette d'Homère,
Au luth badin du tendre Anacréon,
Qui pour écrire eus le goût de Voltaire,
Et pour penser l'ame du grand Newton;
Pope, je suis ton ombre en Angleterre,
Et Twickenham [1] est mon sacré Vallon :

---

[1] Twickenham est une maison de plaisance située sur la Tamise, où Pope composa le plus grand nombre de ses Ouvrages, & à qui

CHANT PREMIER.

Viens m'inspirer une autre Dunciade,
Poursuis, encor le crime & les travers,
Sois le fléau des sots & des pervers ;
Que les Cibbers [2], que ta Muse dégrade,
Pour repérir, renaissent dans mes Vers.
Si toutefois ta Muse un peu farouche
Mord sans égard quelqu'Auteur illustré,
Et si le fiel distille de ta bouche
Sur un Rival justement admiré [3] ;
Irai-je aussi par d'indignes critiques
Justifier un Zoïle abhorré,
Et pour venger des affronts poëtiques

---

il donna la même célébrité que Ciceron auparavant avoit donné à Tuscule, & que M. de Voltaire après lui a donné aux Délices.

[2] Colley Cibber est le Héros de la Dunciade Angloise, il eut été inconnu sans l'ingénieuse Satyre de Pope, comme Bavius sans une plaisanterie de Virgile.

[3] Ce Rival de Pope est Addisson, Auteur de la fameuse Tragédie de Caton, & que ses talens éleverent au Ministère.... Pope dit de ce grand homme dans une Pièce de vers qu'il fit contre lui.... s'il se trouvoit un Poëte animé du feu d'un beau génie, orné de tous les talens, né pour écrire, pour parler & pour vivre avec agrément ; un tel homme jaloux de règner seul, voudroit-il, comme le Sultan, ne souffrir aucun frere proche de son trône ? Le haïroit-il pour les talens qui l'ont rendu lui-même célébre... Le verroit-on également réservé dans sa critique & dans ses louanges ; ennemi timide, & ami peu sûr ; craignant les sots, & assiégé de flatteurs ; si obligeant qu'il n'eut jamais obligé personne.... qui ne riroit s'il se trouvoit un pareil homme ? & qui ne pleureroit si c'étoit Atticus ?... Il ne paroît pas qu'Addisson se soit vengé de cette Satyre ; sans doute ses traits ne parvinrent pas jusqu'à lui, un homme d'Etat se croit rarement blessé par les mépris d'un homme de Lettres.

Blesser au vif un citoyen titré?
Non, à coup sûr: par ses rimes cyniques,
Plus que Lintôt, Pope est déshonoré;
Avec courroux on lit les Philippiques,
Et dans nos cœurs Philippe est adoré.
S'il faut pour plaire avoir une cabale,
Souffler la paix ou la guerre à son gré,
Mettre au grand jour, & cette ame vénale,
Et ce cœur faux, & ce Brigand sacré, ...
Pour foudroyer un Auteur qui m'égale,
Faire parler en style figuré,
Tantôt le Dieu sur le Pinde honoré,
Et plus souvent la Furie infernale ....
S'il faut subir une loi si fatale;
Je dois me taire & mourir ignoré.

Entre la Seine & un Hôtel de Finance,
Et le réduit d'un Collége poudreux,
Paris admire un édifice immense
Dont les deux tours se perdent dans les cieux;
Dans ce Palais une antique Sybille
Vient de fixer sa pesante beauté.
Le Tems, ce Dieu bizarre & difficile,
Et qui sur tout met son sceau redouté;
Qui rajeunit les graces de Virgile,
Prête à Dulard un air de vétusté
Et sans raison embellit ou mutile
Tout être ici par nos mains enfanté;
Le Tems enfin sur le teint de la Dame

Chant Premier.

N'a point gravé ses doigts appésantis :
Ses traits sont plats, mais ne sont pas flétris ;
Même sur elle on peut voir l'épigramme
Fondre par-tout des quartiers de Paris.
Le lit l'ennuie, la table & la toilette
Occupent seuls son loisir enchanté :
De tems en tems elle lit la gazette,
Mais cet effort peut nuire à sa santé ;
C'est à mon gré la Reine des Cailletes
Dont la mollesse avec ses mains douilletes
Pêtrit le teint & forma la Beauté.
Pour son esprit, elle-même proteste
Que dans son genre il est des plus charmans ;
Sans y penser tout son cercle l'atteste,
Et le public les croit sur leurs sermens ....
Le doute au reste est ici ridicule ;
Le bel esprit prend naissance à Paris :
Beaune a des vins, Genève des pendules,
Londres des loix, & Goa des métis ;
Mais à Paris le bel esprit pullule,
Comme l'argent en tous lieux il circule,
En a qui veut, c'est le fruit du pays :
Phrynés au lit, un Moine en sa cellule,
Crassus à table, un Peintre en son taudis,
Le disent tous sans trouver d'incrédules ;
Même au Pont-neuf vingt faiseurs d'opuscules
A mille sots en vendent à tout prix.
Puisque tout être ayant figure humaine
A dans Paris un esprit suffisant,

J'ai donc raifon d'en donner à ma Reine,
Elle eft d'un fexe à qui plaît ce préfent.

Jadis quand Pope aux bords de la Tamife
Montra la Dame & fon air hébêté ;
L'Anglois brutal dit avec fa franchife,
Je la connôis, c'eft la Stupidité ;
Mais parmi nous le bel air autorife
Qu'on change un nom qu'en tout tems on porta ;
A bon marché l'on s'y Monfeigneurife ;
Auffi Lutece en Dame bien apprife
L'a furnommé Madame de Barda.
Or tous les foirs, fuivant le nouveau Code
Que le beau-fexe introduit aujourd'hui,
La bonne Dame aux Spectacles de mode
Alloit porter le poids de fon ennui :
Jadis au fein d'une cour affortie,
Elle brilloit au Fauxbourg Saint-Germain ;
Quand tranfporté d'une abfurde manie
Paris épris d'un nouveau Baladin,
Couroit en foule aux bouffons d'Italie,
Et défertoit la fcène d'Athalie
Pour admirer les lazzis d'Arlequin.
Quoiqu'admirée au lubrique théâtre,
Barda bientôt n'en fut plus idolâtre,
Et s'amufa d'un Spectacle nouveau ;
Chez le Momus qui charmoit la Courtille
Pendant deux mois elle tint fon bureau,
Et fit dreffer des tables de Quadrille

Dans la Taverne où fumoit Ramponneau.
Depuis ce tems un meilleur Pantomime
Semble acquérir des droits sur son estime;
C'est Nicolet l'Hector des Boulevards.
La nouveauté de sa Scène magique
Et le brillant de son jeu pacifique,
Depuis long-tems captivent ses regards;
Même l'on voit la belle schismatique
Pour ce Héros fêté de toutes parts
Se séparer de l'Opéra-Comique.
Barda sur lui fait pleuvoir ses brocards,
Depuis qu'on voit dominer sur sa Scène,
Et l'enjoument sous le nom de Sédaine,
Et le bon goût sous les traits des Favards.
Enfin par fois ma stupide Héroïne
Conduit sa cour au Sallon enchanté
Où l'œil, ravi par l'art de Mélusine,
De Londre au Caire, & de Rome à Médine,
Dans un moment se trouve transporté:
L'oreille entend la musique d'Orphée
Rendre plus vifs les charmes de la Fée,
Et l'esprit même est quelquefois flatté
Par les beaux vers dont la Pièce est ornée;
Spectacle unique où notre ame étonnée
Par tous les sens goûte la volupté.
Quand toutefois on représente Armide,
Atys, Castor, Dardanus ou Thétis [4],

---

[4] Ce sont les chefs-d'œuvres de Lully & de Rameau, deux hommes de génie.... car nous avons une Musique.

Barda trouvant ce théâtre infipide,
Dans d'autres lieux promène fes ennuis,
Un foir la belle amenant vingt Marquis
Qui par bel air s'ennuioient fur fes traces,
A l'Opéra vint étaler fes graces,
Lorfqu'on jouoit le bizarre Amadis [5].
Avec tranfport la troupe à ce Spectacle
Voit entaffer miracle fur miracle
Pour expofer un Mortel au trépas ;
Ici des feux s'allument fous fes pas,
Là le tonnerre oubliant fa victime
Sans renverfer ce Héros magnanime
A fes côtés éclate avec fracas ;
On voit enfuite un Palais mis en cendre,
Mille ruiffeaux ferpenter en Méandre,
L'enfer monter & l'Olympe defcendre
Pour figurer entr'eux des entrechats ;
Un Roi qui meurt en chantant en bequarre,
La Mort danfant avec le Mont Atlas ;
Une ombre enfin qui quitte le Ténare,
Moins pour conclure un hymen trop bizarre,
Que pour tirer la Motte d'embarras [6].

---

[5] Amadis de Grèce, Opéra de la Motte, furchargé de merveilleux.

[6] Il ne faut point s'imaginer que toutes ces abfurdités foient à la lettre dans l'Opéra d'Amadis, quoiqu'il en renferme la plus grande parrie, & qu'on y voie en particulier l'ombre du Prince de Thrace qu'Amadis avoit tué en duel quelques Scènes auparavant, paroître fur le Théâtre pour y conclure le mariage de fon Rival avec Niquée, ombre qui vient fort à propos pour dénouer l'intrigue de la Pièce étrangement embarraffée.

CHANT PREMIER.

Nos Courtisans se disoient à l'oreille : ....
Parbleu, mon cher, cet Ouvrage est gaillard ;
Cela vaut bien les drames de Corneille :
Qu'en penses-tu ? ... Moi ! tout est à merveille ;
C'est un Quinaut que ce la Motte-Houdard !
D'une autre part une Scène un peu tendre,
Qu'avec plaisir Barda venoit d'entendre,
Frappa son cœur, & l'émut par hasard ;

J'ai rassemblé dans la même perspective plusieurs extravagances répandues dans nos Opéras ; on sçait qu'un des priviléges de la Poësie, est de diviser ce qui est uni, & d'unir ce qui est divisé. Si j'ai choisi une Pièce de la Motte préférablement à celles de quelques Auteurs moins connus, c'est qu'on ne sçauroit trop prémunir les jeunes Auteurs contre les défauts d'un homme célébre ; or jamais Poëte n'abusa plus étrangement de ses talens que l'Auteur d'Amadis : il voulut être universel & échoua presque par-tout ; jamais l'esprit ne sçauroit suppléer au génie. ... La Motte n'avoit-il pas lui-même assez d'esprit pour s'en appercevoir ?

Je dirai pour justifier notre Opéra sur les absurdités qu'on y tolère ; qu'on en voit de plus grandes encore sur les Théâtres de ces Anglois qui sont nos Rivaux dans plusieurs genres, & nos maîtres dans d'autres. ... Ecoutons Pope faire l'analyse d'un Opéra de Thibald. ... Quel pouvoir, dit-il, peut enfanter tant de merveilles ? On voit pêle-mêle sur le Théâtre, des dieux, des lutins, des monstres, de la musique, de la fureur & de la joie, un feu, une gigue, une bataille & un bal, jusqu'à ce que tout soit englouti dans une conflagration générale. Ensuite un nouveau monde succède à l'ancien, une autre lune y préside à la nuit, & d'autres planetes décrivent leurs orbites autour d'un autre soleil. Les forêts dansent, les fleuves remontent vers leur source ; les baleines s'y divertissent dans les bois, & la tête des Dauphins se perd dans les nues ; enfin, pour mettre le dernier trait au tableau de la création, le genre humain sort d'un œuf prodigieux.

Ces absurdités valent bien les nôtres ; mais nous avons de plus un Quinaut, que les Anglois n'ont pas.

Sentant faillir fa longue continence,
Et voulant vivre à la mode de France;
Tout en baillant ma Veftale penfa,
(Car quelquefois la bonne Dame penfe,)
Que vû fon teint, fes talens, fa finance,
Un Amadis lui feroit des avances
Sans qu'elle fût Actrice à l'Opéra.
Tout en baillant notre belle Héroïne
Dit fon projet à Monfeigneur Craffus;
Tout en baillant le Mons à lourde échine,
Répond ... Madame, on voit à votre mine
Que vous ferez à l'abri des refus;
Mais entre nous, dit-il à la Sourdine,
Vous êtes riche & je fuis un Créfus;
Seroit-ce moi que votre cœur deftine
A féconder la race des Bardus....
Monfieur, demain mon choix fe développe,
Et mes amis les faifeurs de Journaux
Se hâteront d'en inftruire l'Europe.
Dans mon Palais, près l'antre de Procope,
Venez diner & vous & vos Rivaux;
Dans mon efprit vons êtes tous égaux:
Quand on feroit plus contrefait qu'Efope,
Plus lourd que Wafp, plus fot que des Berceaux,
Plus empefé que Craf le Mifantrope,
Plus gueux qu'Irus, plus froid que Marivaux,
Plus ... à ces mots elle tombe en fyncope;
Chez une Actrice on la mène à propos :
On rend le cours à fes efprits vitaux.

Et faine enfin, grace à la Penélope,
Elle s'endort fur un lit de repos.

Dans ce moment la prompte Renommée
D'un vol leger fend le ciel de carton,
Dont l'Opéra voit fa Salle enfermée;
Prend d'un Marquis la figure & le ton,
Et fur un char rapidement traînée
Seme par-tout le bruit de l'Hymenée.
Mille partis s'annoncerent d'abord:
Elle est à moi, difoit un petit-maître;
Pour la dompter il fuffit de paroître :
Mais c'est, dit-on, une idole du Nord,
Et moi je fuis plus vif que le falpêtre;
Bon, dans trente ans je l'aimerai peut-être,
Quoi qu'il en foit j'époufe fon tréfor....
Enfin le ciel furpaffe mon attente,
Difoit à part un vieil Auteur fiflé,
De mes revers me voilà confolé;
Grace à l'Hymen où je fuis appellé,
Je vais m'affeoir au nombre des Quarante;
Leur fameux Temple au Mérite fermé [7],
A deux battans s'ouvre pour la Finance;
Ainfi l'Envie est reduite au filence,
L'or ouvrira la tour de Danaë.
Dame Barda dans Paris fi fêtée
Avec tranfport par-tout fut convoitée:

---

[7] On fent affez que c'est un Poëte piqué qui parle ainfi.

Pour épouser le Plutus féminin,
Ce lourd Abbé résigne sa chapelle ;
Cet Adonis au visage poupin
Près d'un miroir fait jouer sa prunelle ;
Et tout le soir mainte sotte femelle,
Desire alors d'être un sot masculin.
Messieurs, disoit un faiseur d'Epigramme ;
J'ai des Rivaux, je vais les chansonner.
Je fais bien mieux, je lui dédie un Drame,
Dit un Auteur qu'on venoit de berner....
Ça, montrez-moi le logis de la Dame ;
Du moins demain je suis sûr d'un dîner.

CHANT SECOND.

LE SALLON.

ARGUMENT.

Description du Sallon où Barda reçoit ses prééendans. Peinture du Trône de la Reine. Harangues des principaux Stupides. Réponse de la Stupidité.

Dans un Palais de structure gothique
Et d'ornemens sans dessein surchargé,
Un lourd Maçon en Mansard érigé
Fit élever un immense portique
Qu'admire encor l'esprit de préjugé.
Autour du mur qui lui sert de clôture,
Trente tableaux semés à l'aventure,
Peignent en grand l'Empire Visigoth;
Sur le plafond on voit en mignature
Tite & Trajan dans le goût de Calot;
Sur un parquet construit en mosaïque,
Paroît un ciel affermi par des cloux
Qu'un vieil Atlas de son épaule étique
Soutient à peine en pliant les genoux:
Sous les arceaux du double péristile,
On voit aussi divers grouppes d'argile.

C'est dans ce lieu qu'un Sculpteur rassembla
Tous les Héros de la maison Barda ;
Et cependant grace à l'air fubalterne
Qui diftinguoit le Phidias moderne,
Pour copier des Stupides parfaits,
Il n'eut befoin que de graver fes traits.
Au côté droit grimaçoit la figure
D'un Roi jadis par Phébus maltraité ;
Un front toujours vers la terre porté,
Un air hagard, une fombre encolure,
Un dos convexe, un regard hébêté,
Peignoient en bref fa lourde majefté ;
Et cependant notre Artifte novice,
Pour prévenir jufqu'au moindre embarras,
Sur fon oreille écrivit fans malice :
Connoiffez-moi : je fuis le Roi Midas.
A fes côtés & fiers de leurs entraves
Etoient rangés tous nos Rois fainéans,
Princes fans ame, & n'ayant que des fens,
Servant un Maire en qualité d'efclaves,
Et gouvernant leur Royaume en tyrans :
La Cour ftupide étoit encore groffie
Par le concours de plufieurs Rois d'Afie
Dès leur naiffance ennemis du travail,
Qui d'un Eunuque acceptant la couronne
Règlent l'Etat qu'un caprice leur donne,
Comme jadis ils régloient leur Serrail.
Cent autres Rois, le déshonneur du trône,
D'un pole à l'autre avec foin raffemblés,

CHANT SECOND.

Près de Midas paroissent accouplés;
L'Arabe y voit à regret des Califes,
Alger des Déis, l'Egypte des Soudans,
Le Nord des Ducs, le Tibet des Pontifes,
Bizance enfin presque tous ses Sultans :
Ces Souverains sans vertus & sans vice,
Qui s'endormant au sein de leurs Etats,
Furent méchans ou justes par caprice,
Dorment encor sous les yeux de Midas.

A des Héros d'une espèce diverse
Le côté gauche est aussi consacré.
On voit d'abord ce rimeur abhorré
D'un esprit faux & d'une ame perverse,
Qui déchirant ses Rivaux admirés,
Contre Virgile & le tendre Properce
Vomit jadis quelques vers ignorés;
Ce Bavius le déshonneur de Rome
Et d'un lourdaut le modèle accompli,
Qui par les traits que lui lance un grand homme
A vu son nom échapper à l'oubli [1];
On voit après cent Auteurs faméliques,
Rimans, louans, mordans pour un repas;
Si leur encens plaît moins que leurs critiques,
Un noir chagrin ne se decouvre pas
Sur les sillons de leurs faces étiques,

---

[1] Qui Bavium non odit amet tua carmina Mœvi.
. . . . Virg. Mar. Eclog. III.

Ils sont contens, Bavius en fait cas.
Ici Zoïle acharné contre Homère,
Sur ses écrits distille son venin;
Il obscurcit, il retranche, il altère,
Toutes les fleurs se fanent sous sa main:
Barda lui rend un hommage sincère,
Car d'un colosse il a sçu faire un Nain.
Là Deshouliére [2], émule de Zoïle,

[2] On trouvera que Madame Deshouliéres est mise ici à sa place, quand on voudra mettre ses écrits à la coupelle de la raison. Otez-lui ses Epîtres à Tata, ses rimes en aillé & en ouillé, son Genseric, ses bouts rimés & autres Pièces semblables qui sont des chefs-d'œuvres de Stupidité; il lui restera quelques idilles fort estimées de son tems où personne n'en faisoit, & quelques Pièces négligées où l'on entrevoit de tems en tems quelques étincelles de goût. Mais, je demande à un Lecteur impartial s'il osera mettre ces opuscules en parallèle avec les Pièces d'un Chaulieu, d'un Lafare, d'un Gresset, d'un Bernis, d'un Saint-Lambert, &c. L'Ouvrage le plus estimé de Madame Deshouliéres est son Idylle du ruisseau, qui est une leçon d'Athéïsme; qu'on en juge par ces vers dignes des Diagoras & des Vaninis:

   Je me perds; & plus j'envisage
 La foiblesse de l'homme & sa malignité,
   Et moins de la Divinité,
  En lui je reconnois l'image;
Courez ruisseaux....
Tandis que pour remplir la dure destinée
  Où nous sommes assujetis,
Nous irons reporter la vie infortunée
  Que le hasard nous a donnée,
Dans le sein du néant d'où nous sommes sortis.

La réputation de Madame Deshouliéres, de Madame de la Suze, du P. du Cerceau, &c. a précédé les Ouvrages de ces Auteurs, & ne leur a point survécu; celle d'Homère, de Milton, de Racine & d'autres grands hommes ne les a point accompagnés pendant leur vie, & passera à la derniere postérité.

Pour

CHANT SECOND.

Pour l'égaler s'ouvre un autre chemin :
Quatre Sonnets suivis d'un Vaudeville,
Sont sous les yeux du Midas féminin ;
Au grand Racine elle oppose un phantôme,
Forme un géant avec un vil atôme,
Et d'un lourdaut fait un être divin.
A ses côtés Pradon relit sa Phédre,
Sûr de la mettre à l'abri des sifflets :
Barda ravie en voyant ses succès
Grava jadis son drame sur le cédre,
Et le nomma l'Euripide François.
Près d'eux, Gaçon [3] de l'Horace moderne
Flétrit la vie & change le destin,
Et Colletet Poëte de Taverne
Fait croasser sa Muse subalterne ;
Contre l'Auteur immortel du Lutrin.
More & Cibber font servir contre Pope
Impunément & leur plume & leurs bras ;
On le punit d'avoir instruit l'Europe,
Et d'Apollon on fait un Marsias [4].

---

[3] Mauvais Poëte connu par ses Satyres contre Rousseau, Bossuet & la Motte, un de ces insectes littéraires, qui prouvent leur existence par leurs piquures.

[4] Pope ne jouit pas impunément de la gloire d'avoir fait la Dunciade : ses ennemis qui ne pouvoient l'outrager dans ses écrits, l'outragerent dans sa personne : on prétend qu'ils le maltraiterent si violemment, que ses blessures aigries encore par le chagrin, le conduisirent au tombeau.

Qu'un Poëte à Paris porte sur son dos la peine de ses Satyres, on en rit aujourd'hui, & on l'oublie demain ; il n'en fut pas de

D'autres Héros trouvent encor leur place
Sous les lambris du bizarre Palais ;
La bonne Dame y rassemble à grands frais
De froids Auteurs d'Ecrits à Dédicace,

---

même du célébre Pope : toute l'Angleterre prit part à son humiliation, on fit courir dans le Public un petit écrit d'un style naïf & satyrique sous ce titre… Relation véritable & fidèle de l'horrible & barbare flagellation, qui vient d'être faite sur le corps de Pope Poëte, pendant qu'il se promenoit innocemment sur le bord de la Tamise, méditant des vers pour le bien public ; flagellation exécutée par deux hommes mal intentionnés, pour se venger d'une chanson sans malice que ledit Poëte avoit faite contr'eux.

Pope fut puni d'avoir été trop grand ; je ne sçaurois rien dire de mieux sur ce sujet, que ce qu'en dit un Anonyme dans une Ode inserée au Journal Encyclopédique du mois de Mai 1763. il fait parler dans les deux premieres strophes un ennemi de Pope.

» J'unis dans mes écrits par un heureux mélange,
» La douceur de Waller & le feu de Milton ;
» Pourquoi donc, vil Auteur, rampai-je dans la fange,
» Quand Pope au haut des cieux semble cacher son front ?

» Qu'il meure, dit Blackmore, & que son vol sublime
» Enfin soit arrêté par l'effort de nos traits ;
» Aux Auteurs outragés qu'il serve de victime…..
» Il peut être à ce prix le premier des Anglois.

Je vois la Dunciade & la ligue éperdue
Dans la coupe à longs traits vient boire le mépris ;
Mais le nouveau Socrate y boit seul la cigue,
Et Londres le perdroit, s'il n'avoit ses écrits.

Osons du cœur humain sonder l'affreux abyme,
Dans ses replis cachés portons nos yeux tremblans ;
Par-tout l'homme est le même ; indulgent pour le crime,
Il pardonne aux vertus, & jamais aux talens.

N'en concluons cependant pas qu'il ne faille point écrire.

CHANT SECOND.

De noirs Pédans qui fiers de leurs essais
Vont barbotter aux marais du Parnasse ;
De plats rimeurs d'Epîtres à la glace,
Et d'Artisans de Drames à sifflets.
Tous ces Héros à cervelle blessée
Vrais corps sans ame, automates passifs,
La bouche ouverte & l'oreille dressée,
Sur les Platons de ce nouveau Lycée
Semblent fixer leurs regards attentifs.
Là Chapelain défiant la Satyre
Feroit jurer les cordes de sa Lyre
Sans qu'on parût s'ennuyer de ses airs ;
Et ce Cotin si berné dans l'Histoire,
Voyant enfin un nombreux auditoire
Ne seroit plus l'Orateur des déserts.

Tel est en bref le superbe portique
Où certains jours la navette à la main,
Dame Barda tient son Senat comique,
Et sur tout point tranche, approuve, ou critique,
En qualité de Juge souverain.
Au fond s'éleve un trône en porcelaine
Faite à la Chine, au bourg de Chantilly ;
Il a pour baze un bassin de fontaine,
Dont l'eau transpire & jamais n'a jailli ;
Un double rang d'animaux symboliques
Sont sous le dais & soutiennent son poids ;
Une tortue aux yeux soporifiques
Appésantit les facultés physiques

B ij

Des Favoris dont la Reine a fait choix ;
Un limaçon d'une couleur étrange
Apprend à ceux qui rampent dans la fange,
Qu'on rampe auſſi ſur le trône des Rois :
Un lourd Frélon poſté ſur le derriere
Dit en ſa langue aux faiſeurs de Romans,
Aux Editeurs, aux ſinges de Moliére :
Eſcrimez-vous ; pillez impunément ;
Dans le fumier de Virgile ou d'Homère,
On peut par fois cueillir des diamans [5].
Un grand Auteur n'eſt qu'un grand plagiaire ;
Et ſi j'en crois mes Apôtres divers,
Un Artiſan gagne moins qu'un Corſaire
Dans la fabrique ou du miel ou des vers.
Près de la Guêpe eſt l'oiſeau de Minerve,
Ami de l'ombre, & ſiniſtre Devin ;
Cet animal aux Poëtes ſans verve
Semble annoncer l'indigence & la faim ;
Il fait rentrer Briguel dans ſa coquille,
Fait entrevoir le gibet à Boindin [6],
Découvre à Roi les murs de la Baſtille,
Et l'Hôpital à l'Abbé Pellegrin.

---

[5] Le Frélon fait ici alluſion à un bon mot de Virgile, qui prétendoit avoir tiré quelquefois des diamans du fumier d'Ennius.

[6] Ce Boindin ſe promenoit un jour aux Thuilleries : un Provincial qui ſe trouvoit à quelques pas de lui, dit à un étranger : Voyez-vous, Monſieur, ce Boindin ? c'eſt un homme qui nie que Dieu exiſte. Celui-ci ſe retourne & dit froidement : Vous deviez ajouter, Monſieur,.... & qui le prouve.

CHANT SECOND.

Tel est le trône où l'Apollon femelle
Assied par fois sa lourde Déité,
Quand elle juge avec sagacité
Si Platon vaut l'Auteur de la Pucelle,
Si Pitaval égale Fontenelle
Ou Bajazet, Scaramouche enchanté.

Laissant en paix les Crosses & les Mîtres,
Déja l'Aurore aux plus gueux des Chapitres
Avoit du Chœur entrouvert le chemin,
Et coloroit les fenêtres sans vîtres
De maint Poëte éveillé par la faim ;
Dame Barda quitte l'Antilucréce
Dont l'heureux soin rétablit sa santé,
Et sur son char se rend avec vîtesse
Dans le Sallon du Palais enchanté.
Elle y déploie une riche toilette ;
Et sur son teint consultant son miroir,
Peint en carmin une joue imparfaite,
Couvre un bouton d'une mouche discrete,
Et sur son Trône ensuite va s'asseoir.
Au rendez-vous donné par l'Héroïne,
Volent bientôt Crassus & ses Rivaux,
Commis, Marquis, Fabricans de Journaux,
Clercs sans rabat, Prieurs fourrés d'hermine,
Auteurs, Acteurs & Marchands de bons mots ;
Tous, peuple obscur & d'égale origine,
Courent en foule aux Etats généreux,
Dans le moment que la Reine destine,

Pour l'heureux choix du Monarque des Sots.
Le Financier fiérement fend la foule,
Du haut d'un char verniffé par Martin ;
A la fourdine un pauvre Auteur fe coule
Et fuit de près Monfeigneur du Jafmin ;
Tous les Bardoux d'un concert unanime
Vont applaudir au Spectacle nouveau :
En phaëton, à cheval, en bateau,
Ils courent tous fans garder l'anonime.
Tel autrefois volage en fon eftime,
Paris quittoit Rodogune & Monime
Pour admirer les tours de Ramponneau.

 Dans le Sallon avec peine on fe range ;
Barda voyant fes nombreux Favoris,
Se reconnoît à ce Spectacle étrange ;
La bonne Dame aime à voir réunis
La bure & l'or, la corde avec la frange,
Et les haillons aux croix de faint Louis ;
Et le plaifir que lui fait ce mélange
Même au dehors s'annonce par fes ris.
Sans y penfer tout d'un coup elle éclate ;
Sans y penfer de même nos Bardus
Pour applaudir à l'objet qui la flatte,
A fon exemple éclatent en chorus.
Tels fur les bords d'une marre ruftique
Dès qu'un crapaud fait entendre fa voix ;
Par la vertu d'un aiman fympathique,
Les Roffignols du manoir aquatique,

CHANT SECOND.

A l'uniſſon croaſſent à la fois.
Aux ris bruyans ſuccéde un long ſilence ;
Meſſer Craſſus le rompant le premier :
» Je ſuis, dit-il, un puiſſant Financier ;
» Des Beaufrémonts je n'ai pas la naiſſance,
» Auſſi des Grands n'ai-je pas les travers :
» Une Chanteuſe, un Duc me trouve aimable,
» Aux gens d'eſprit mes tréſors ſont ouverts ;
» J'ai plus d'écus dans mes coffres divers
» Que les Auteurs qui mangent à ma table
» Pour me louer n'ont jamais fait de vers.
» Belle Barda, vous m'aimez, je ſuis tendre ;
» L'eſprit nous lie, & nos biens ſont égaux ;
» A votre Hymen j'ai donc droit de prétendre
» Et devant moi doivent fuir mes Rivaux. «

Un quart d'humain, un diminutif d'être,
Chez les François appellé Petit-maître,
Du trône alors s'approche en minaudant ;
Tous ſes Rivaux reculent en grondant.
Près de Barda notre Poupin s'arrête :
» Je ſuis, dit-il, le Marquis Papillon,
» J'ai voltigé de conquête en conquête
» Et mille fois changé de pavillon ;
» Enfin mon ame à la tienne eſt unie,
» Et nos deux cœurs battent à l'uniſſon.
» Fais donc ici le bonheur de ta vie
» Et cauſe en France autant de jalouſie,
» Que depuis peu j'en cauſe en ce Sallon. «

B iv

De l'Adonis un Pedant prend la place :
» Reine, dit-il, excufez mon audace;
» J'ignore un peu le bon ton de Paris ;
» Mais je connois le bon ton du Parnaffe.
» Baltus cent fois dans fes profonds Ecrits
» A célébré les Héros de ta race ;
» Toute fa vie il marcha fur ta trace.
» Dans un volume hériffé de bibus
» Il a prouvé que la Mufe du Taffe
» Ne doit charmer qu'un faifeur de rebus ;
» Il interprête, il commente avec grace
» Les Ecrivains de la premiére claffe :
» Et fon ouvrage eft tellement diffus,
» Que les Ecrits de Tacite & d'Horace
» Sont devenus les Ecrits de Baltus.

D'un Gazettier ce trait émeut la bile ;
» Si tu dis vrai, lui répond le Reptile,
» De ce grand jour je ferai le Héros.
» On me connoît ; je fuis Meffer Gryphos ;
» Et fi la Reine enfin fans nuls obftacles
» Fait dans l'Europe adorer fes oracles,
» Elle le doit fans doute à mes travaux.
» Pendant dix ans dans l'Etat littéraire
» On me chargea de l'emploi de Cerbère ;
» On vit alors fur tout le peuple auteur
» Ma triple langue exercer fa fureur ;
» Rien n'échappoit à ma dent fanguinaire,
» Elle attaquoit un Auteur fomnifére ;

» Et puis mordoit Dalembert & Piron :
» Bientôt après las de traîner ma chaîne,
» Sans partifan, fans gage & fans Mécène,
» Je me chargeois de l'emploi de Caron [7].
» Dès ce moment je vêcus avec gloire :
» Mon vieil ami Nocher de l'onde noire,
» Introduifoit des ames fur fes bords [8] ;
» Tout au rebours, au Temple de Mémoire,
» Je n'ai jamais introduit que des corps.
» Tous les Bardoux font reçus dans ma barque,
» Et Bavius, leur guide & leur Monarque,
» Règle leurs rangs fuivant leur péfanteur.
» Si par hafard entre un Auteur de marque,
» Un Swift, un Pope, un efprit créateur,
» Nous le livrons au cifeau de la Parque,
» Et de fa mort il fcelle fa grandeur.
» Dès mon berceau, favori de la Reine,
» En fon honneur j'ai fait fervir fes dons :
» Je l'ai cent fois fait régner fur la Scène
» Avec Boyer, Danchet & les Pradons.
» Regnons enfemble aux rives de la Seine ;
» Que de fes nœuds Cupidon nous enchaîne,
» Et joigne ici fon myrte à nos chardons ;

---

[7] Ne gagnant pas fa vie à mordre, fans doute il s'étoit mis à flatter... mais c'eft encore un problême dans la Littérature, de fçavoir fi la Satyre d'un grand homme eft plus nuifible que le Panégyrique d'un fot.

[8] *Corpora viva nefas ftygiâ vectare Carinâ :*
 Dit le vieil Charon à Enée, ... Æneid. Lib. *VI.*

» Que le Public apprenne ces merveilles,
» Et de ce jour garde un long souvenir;
» Qu'il fçache encore que c'eſt pour vous ſervir
» Qu'au Pilory j'ai laiſſé mes oreilles ;
» Et que deux fois le muet d'un Viſir
» Flétrit d'un ſceau mes épaules vermeilles ;
» Et qu'en un mot c'eſt graces à mes veilles,
» Que dans l'Europe on commence à dormir ....

Cette harangue eut un ſuccès rapide.
Barda d'abord leve un regard timide,
Le baiſſe, tombe, & s'aſſoupit enfin ;
Papillon rit & careſſe ſon teint ;
Mais des Craſſus la cohorte ſtupide
Oſe au dehors exhaler ſon chagrin.
Gryphos hué, ſiflé, chargé d'injures,
Gémit tout haut, & triomphe tout bas ...
Quelqu'un lui dit que Chevrier [9] de ce pas
Va l'inonder d'un torrent de Brochures ....
Bon, répond-t-il, je veux, races futures,
Que vous fçachiez nos illuſtres débats ...
Tant de vigueur redouble les murmures,
On ſifle, on jure, on prélude aux combats ;
Maint Rimailleur fait briller une épée
De ſang humain en aucun tems trempée :
Un Géometre ouvre un large compas,
Et de ſa canne un Robin s'évertue ;

---

[9] Auteur de différentes brochures ſatyriques, qui ont ſouvent le fiel de l'Aretin, ſans avoir ſon eſprit.

Mais Mons Gryphos qu'allarme ce fracas,
Malgré nos fots s'étant fait une issue,
Court de Midas embrasser la statue,
Et trouve enfin un asyle en ses bras.
Déja le bruit a réveillé la Reine ;
Sur nos guerriers elle jette un regard :
Soudain chacun sent expirer sa haine,
Et dans son sein la Discorde inhumaine
Sans différer, cache son étendart.
Barda d'un signe ordonne le silence ;
Soudain la foule, en suspens sur son choix,
Avec transport vers le trône s'élance :
La Déïté sourit, baille trois fois ;
Puis réveillant sa bizarre éloquence,
Glapit ainsi son discours iroquois.

» Vous qui, fuyant un renom illusoire,
» D'un voile épais chargez votre raison,
» Et ne volez au Temple de Mémoire
» Qu'en empruntant les aîles d'un Oison ;
» Je reconnois le zèle qui vous guide,
» En soutenant le néant & le vuide,
» Vous devenez l'appui de ma Maison ;
» Du nouveau goût vous êtes les Arbitres,
» Et de mon Pinde uniques Souverains.
» Mais, répondez ? suffit-il de ces titres
» Pour épouser la Reine des humains ?
» S'il est un sot qui seul ait en partage
» Tous les talens divisés entre vous ;

» Si Bavius lui donne son suffrage;
» Et que le ciel l'ait fait à mon image,
» Qu'il vous gouverne & qu'il soit mon époux :
» Oui, de l'Hymen si le flambeau s'allume,
» J'atteste ici les Dieux de ce Sallon....
» Ce Favori, ce Roi, cet Apollon
» Aura l'esprit plus leger que la plume,
» Avec un cœur plus pésant que le plomb....
» Tels sont mes vœux, & telle est ma réponse;
» Dans mes Etats que mon Hérault l'annonce....
» Pour vous, quittez des sentimens jaloux,
» Cherchez par-tout le Phénix que j'adore,
» Et dès ce soir tombez à ses genoux...
» Allez mes fils, car vous l'êtes encore,
» Mais nul de vous ne sera mon époux.

CHANT TROISIÉME.
LE POËTE DE FORTUNE.

ARGUMENT.

Dunskou, le futur époux de la Déeſſe, eſt peint dans ſon grenier, travaillant à l'Année Littéraire ; puis maudiſſant F... & ſa Métromanie ; enſuite dans un moment d'enthouſiaſme poëtique, voulant ſe brûler avec ſes écrits. Craſſus le déclare Fermier Général, & Barda le nomme ſon époux.

D ANS le réduit d'un humide Sallon,
Depuis dix ans un fils de Melpomêne
Se nourriſſoit des feuilles de F...
Il n'eut jamais que l'eau de l'Hypocrène
Pour humecter ſon goſier altéré ;
Et malgré lui, quatre fois la ſemaine,
Il ne dînoit que ſur le Mont ſacré.
Un lit ſans draps lui ſervoit de Lycée ;
Il y penſoit & dormoit tour-à-tour...
Le froid Zéphir d'une vître caſſée
L'éveille hier à la pointe du jour...
Ça finiſſons ma feuille hebdomadaire ;
Par les ſiflets de cent langues d'aſpic,

Laissons, dit-il, berner l'An Littéraire,
Et louons Wasp en dépit du Public [1].
Mais, mon cher Maître, où se perd mon idée ?
Et de quel front vanterai-je jamais
L'obscur fatras de ta Prose guindée,
Ou l'air rampant de tes vers Polonais ?...
Non, c'en est fait : que l'Europe se venge;
D'un vil métier je ne me mêle plus,
Je suis lassé de traîner dans la fange
De tristes jours que l'opprobre a tissus :
J'ai fait trafic d'injure & de louange ;
Mis ma Minerve aux gages de Crassus,
Hué Voltaire & courtisé Baltus...
Et cependant, par un revers étrange,
Je tiens la plume, & F... les écus....
Du moins, reprend l'Abboyeur littéraire,
Si le Zoïle en m'ôtant mon honneur,
De tems en tems doubloit mon honoraire !
Mais non, je perd, en servant le Corsaire,
Santé, talens, & finance & pudeur :
Pour mettre enfin ma fortune à son aise,
Je ne sçais plus à quel Saint me vouer,
Ou quel ressort je dois faire jouer ;
Irai-je encore sur la Scène Françoise
Par le Public me faire bassouer ?

---

[1] On va m'accuser de manquer à la parole que j'ai donnée dans ma Préface, de ne parler en mal d'aucun Auteur vivant ; mais je réponds que Monsieur F... Auteur de l'Année, soi-disant Littéraire, est mort subitement le 8 Août 1760, le jour où l'on donna la premiere représentation de l'Ecossaise.

Ou, m'étayant d'une licence Angloise,
Pour Telliamed [2], ou contre la Genèse,
Faire un écrit qu'il faut désavouer?
Talent d'écrire, esprit, don du génie,
Et vous des vers ridicule manie,
Depuis vingt ans que me valutes-vous?...
Ces derniers mots enflamment son courroux;
Son teint pâlit, son œil d'Energumène,
Avec désordre un instant se promène:
Il voit alors vingt écrits imparfaits,
Derniers enfans de sa verve engourdie;
Ici paroît Œdipe en parodie,
Là des chansons qu'on ne chanta jamais,
Plus loin une Ode en style de ruelle,
Où sont Petrone & Bayle par extraits
Pour balancer l'Auteur de la Pucelle;
Du côté droit cinq croquis d'Opéras;
Et vis-à-vis du lubrique Théâtre
Un long traité cher aux Diagoras,
Où, par deux A divisé par B quatre,
Il démontroit que Dieu n'existoit pas.
A cet aspect le F... subalterne,
Gémit, grimace & répand quelques pleurs,
Puis dans ces mots exhale ses douleurs.

---

[2] Telliamed est l'anagramme de de Maillet, Auteur d'un Livre absurde sur la formation du monde. Il prétend dans cet Ouvrage que l'eau est notre élément naturel, & il fonde son assertion sur des expériences faites sur les bords du Nil, & sur les côtés de la mer rouge... Il est assez plaisant qu'un Philosophe qui vouloit relever la nature de l'homme, se soit avisé d'en faire un poisson.

» O monument du bel esprit moderne !
» Chers avortons, nés malgré les neuf Sœurs,
» Puisqu'en dépit de vos graces sans nombre,
» Je vais périr, ou d'opprobre, ou de faim ;
» Vous me suivrez dans le Royaume sombre...
» Je vous fis naître, expirez de ma main ;
» Que d'un bucher la flamme salutaire
» Change à l'instant nos lauriers en cyprès ;
» Drames nouveaux emportez mes regrets ;
» Plus fortunés que ne fut votre pere,
» Naissez, mourez à l'abri des sifflets...

Il dit, soudain le hardi Philosophe
De ses Ecrits forme un bucher nouveau ;
Et se propose en son frêle cerveau
Pour annoblir sa rare catastrophe,
De suivre encor ses amours au tombeau.
Comme l'on voit la Matrone de l'Inde
Suivre au Ténare un époux généreux,
Et sur son corps s'élancer dans les feux :
Tel le bâtard du Souverain du Pinde,
Veut pour punir un Public dédaigneux,
Brûler ses Vers & périr avec eux.
La pyramide à l'instant est bâtie,
La flamme en main & le cœur sans regrets,
Notre Héros toujours dans son accès
Va terminer la Tragicomédie....
Crois-tu, Lecteur, qu'il y perde la vie,
Et qu'il se brûle avec plus de succès,

CHANT TROISIÈME.

Que la Clairon sous le nom d'Olympie,
Ne s'est brûlée au Théâtre François [3] ?
Je n'en crois rien : tout Poëte est timide,
Telle est la loi de son thême natal ;
Phébus souvent conduit à l'Hôpital,
Il ne conduit jamais au Suicide :
De plus quel homme est assez furieux
Pour affronter un supplice funeste,
Quand d'un seul coup il peut trancher les nœuds
Qui l'enchaînoient au monde qu'il déteste ?
M'oppose-t-on l'antique Calanus,
Ce sage-fol si fameux dans l'Histoire ?
Mais il avoit pour témoins de sa gloire
Les conquérans du Gange & de l'Oxus ;
Et Caton même eut vécu dans Utique,
Et dans son sang n'eut point trempé ses mains,
Si du Caucase aux bornes de l'Afrique
On ne l'eût cru le dernier des Romains.

Quoi qu'il en soit de mon beau paradoxe,
Qu'on jugera dans Londre hétérodoxe,
Mon Calanus au fond d'un galetas
Fit son bucher, mais ne se brûla pas :
Fortune enfin ne fut plus sa marâtre ;
Et pour tirer notre Auteur d'embarras,

---

[3] Olympie est le nom de la dernière Tragédie de M. de Voltaire, jouée à Paris avec succès ; & où cet homme de génie a hasardé au cinquiéme Acte le Spectacle d'un bûcher où se précipite la fille d'Alexandre, pour ne pas épouser les meurtriers de ce conquérant.

Heureusement vint un coup de Théâtre.

Déja son Ode & ses Drames divers
Restent en proie au feu qui les dévore ;
Il les consume en moins de tems encore
Que Roi n'en mit pour composer ses Vers :
Vers le taudis de notre pauvre diable,
Un char bruyant soudain vient s'arrêter ;
Le phénomène étoit peu vraisemblable,
Et mon Poëte osoit presque en douter...
Avec fracas bientôt la porte s'ouvre :
Dieux, quel objet à ses yeux se découvre !
C'est ce Crassus gentilhomme d'hier
Qui dans Paris tranche du Duc & Pair ;
Ce Financier usurpant tout hommage,
Qui se disant Protecteur d'Apollon,
Sur ce motif par son client F...
Se fit souvent dédier maint Ouvrage ;
Et ce Priape enyvré de plaisirs
Brûlant sans feux, jouissant sans desirs,
Qu'avec effroi Messaline envisage.
„ O cher Dunskou ! dit notre Anti-Caton,
„ En s'élançant dans les bras du Poëte,
„ Sois satisfait ; oui, l'envie est muette,
„ Et dans Paris tu vas donner le ton ;
„ Depuis long-tems grace à tes bons offices,
„ Je puis passer pour aimable Ecrivain :
„ Tu sçus toujours adorer mes caprices
„ Et me flatter avec un front d'airain,

CHANT TROISIÉME.

» Dans ces penchans, qu'on ose nommer vices
» Et que j'appelle un sentiment humain :
» Enfin, sensible à tant de grands services,
» Je viens changer ton ignoble destin ;
» Tu vas jouir d'une place brillante
» Malgré les cris de soixante Rivaux ;
» Et quatre fois dix mille écus de rente
» Vont t'annoblir aux yeux de tes égaux ;
» J'y joins encor l'Hôtel de la Finance ;
» Je veux remplir tes souhaits les plus doux,
» Et qu'après moi tu sois l'homme de France,
» Dont la grandeur fasse plus de jaloux. «
Il dit : la joie au teint de mon Stupide
Trace déja ses riantes couleurs :
Son œil petille & son front se déride,
Il cherche à rompre un silence timide ;
Mais il ne peut que répandre des pleurs.
La Scène change & le faux Euripide
Déja se croit au faîte des grandeurs :
Tel le bon Claude à l'abri de la glose,
Rit de grand cœur, quand sur le sombre bord
On l'instruisit de son Apothéose [4] :
Ou tel jadis Midas parut encor,
Quand il vit, grace à la métamorphose,
Ce qu'il touchoit se convertir en or.

---

[4] C'étoit l'usage des Romains, à la mort de leurs Empereurs, de faire leur Apothéose... Quand le stupide Claude fut mort, Senèque fit son Apocolocinthose, ou sa Métamorphose en Citrouille ; le sujet prêtoit à la plaisanterie, & Senèque en a tiré le parti le plus ingénieux ; son Ouvrage n'est pas assez connu.

Mais la Fortune idole qui se joue
Du bel esprit comme du courtisan,
Qui mit Ronsard au plus haut de sa roue
Et par l'effet d'un caprice plus grand
Laissa languir Corneille dans la boue;
Pour enchanter le Héros qu'elle avoue,
De ses faveurs allonge le Roman.
Mon parvenu ne commençoit qu'à peine
A recouvrer l'usage de ses sens,
Et de concert avec son cher Mecène,
Sauvoit des feux quelques fruits de sa veine
Qu'alloit ronger ou la Parque, où le Tems:
Quand tout à coup près du couple stupide
Parut Barda revêtue en Armide.
De sa venue elle tait le motif;
Mais son regard image de son ame
Trahit bientôt le secret de sa flâme;
Son air enfin cesse d'être passif,
Et l'on croiroit son silence expressif:
D'une autre part le Financier Poëte
Fait paroli par son air langoureux,
Au doux maintien qu'affecte la coquette;
Son front ridé peu fait pour l'amourette,
S'épanouit pour de plus nobles feux :
Dans son échine auparavant convexe
Il fait rentrer un Sinus indiscret,
Et redressant sa marche circonflexe;
En qualité d'Adonis du beau sexe
Lance à la Dame un regard dameret.

Chant Troisième. 37

» Voilà je crois un morceau de Poëte,
» Difoit à part, Monfeigneur du Siflet,
» N'en doutons point, c'eſt pour moi qu'elle eſt faite..
» Barda difoit : Voilà mon vrai portrait...
» Compilateur de fçavantes fornettes,
» Auteur fans goût & rimeur en lunettes,
» Il eſt de plus gibier du Châtelet...
» Les mêmes loix règlent nos deux Planetes,
» N'en doutons plus; c'eſt pour moi qu'il eſt fait....
De toutes parts le feu prend à l'amorce;
Déja tous deux s'embraſſent tendrement,
Leur péſanteur utile en ce moment
Semble prêter encore plus de force
Au nœud qui lie & l'Amante & l'Amant;
Tels la Phyſique & Newton fon Apôtre
Qui la trahit en calculant fes loix,
Peignent les corps entraînés l'un vers l'autre,
Et gravitans en raifon de leur poids :
» Mon cher Renaud, dit l'Armide nouvelle;
(Car dans ce fiécle où l'enfant au berceau
Commence à voir Cupidon fans bandeau,
S'étonne-t-on que toute Demoifelle
Sçache par cœur fon galant Co...) [5]
» Mon cher Renaud, ta victoire eſt parfaite,

---

[5] M. Co.... eſt Auteur de quelques Héroïdes eſtimées, & qui, à quelques négligences près méritent de l'être.... J'ai parodié environ dix vers de l'Héroïde d'Armide à Renaud; mais ce vers,...
  » *Vis de ma vie, & je vis pour t'aimer,*
eſt tout entier dans l'Original.

» Oui, je t'ai vu méditant ma défaite
» Sur tes papiers négligemment couché,
» Tel qu'un laurier fur la terre panché,
» L'œil égaré, la bouche à demi-clofe,
» Semblable enfin à l'Amour qui repofe ;
» Dès ce moment je me fens enflammer,
» Un feu fecret circule dans mes veines,
» Par notre Hymen viens terminer mes peines,
» Vis de ma vie, & je vis pour t'aimer.

Le doux Renaud fenfible aux vœux d'Armide
Dans fon tranfport s'élance à fes genoux ;
» Enfin, dit-il, le Rival d'Euripide
» Eft introduit dans le Temple de Gnide...
» Je fuis au ciel, puifque je fuis à vous...
» Si tant de fois fur l'onde Agannipide,
» On m'a vu faire un naufrage odieux,
» Tout fe répare & je pardonne aux Dieux...
» Charmant Dunskou repart la Nymphe émue,
» De ton bonheur connois-tu l'étendue ?
» Sçais-tu le rang qu'occupe en l'univers
» Cette moitié que le Ciel te deftine ?
» Le plus brillant que l'efprit imagine...
» Après celui que t'ont donné tes vers.
» J'ai précédé la naiffance des âges ;
» Sémiramis, l'Enclos & la Fillon
» Devant Barda baiffent le pavillon,
» Du monde entier, je reçois les hommages,
» Je fuis.... mais viens : je veux te dévoiler

» Dans un réduit de mon Parc solitaire,
» Un grand secret qu'au profane vulgaire,
» Dans tous les tems je pris soin de céler.
» Dès que la nuit d'un char semé d'étoiles
» Aura bruni l'azur du Firmament,
» Mon art soudain fera tomber les voiles
» Qui déroboient ma gloire à mon Amant....
» A chaque instant un nouveau feu m'enflamme,
» Oui, je prétens que le Dieu de mon ame,
» Le soit encor de mes Sujets nombreux ;
» Que copiant les Midas ses ayeux,
» De leurs talens purs & sans amalgame
» Il fasse part aux Bardus ses neveux,
» Que les mortels unis enfin entre eux
» A l'avenir suivent son oriflamme,
» Et que bravant les traits de l'Epigramme
» Le plus stupide en soit le plus heureux.

CHANT QUATRIÉME,

LES REVES.

ARGUMENT.

Barda initie Dunskou dans ses Mystéres secrets. Description du Parc des Rêves, & de l'Antre de Morphée. Priére de la Stupidité à son frere, le Dieu du sommeil.

DÉJA la Nuit dans les bras du Silence,
Paisiblement régnoit au haut des Cieux ;
Et de son voile étendu sur nos yeux,
Enveloppoit l'horison de la France ;
Le Moine ceint du cordon de François
Entre deux draps chantoit à la sourdine,
Tandis qu'alors le crédule Bourgeois
Frappé du bruit d'une cloche argentine,
Se figuroit mes dévots à Matine ;
Sur terre enfin tout dormoit de bon cœur,
Hormis Laïs & le peuple Rimeur :
Lorsque Barda pleine de ses chiméres,
Initia dans ses secrets mystéres,
L'heureux Midas souverain de son cœur.
Dans un jardin qu'occupe notre Armide,

CHANT QUATRIÈME. 41

S'éleve un bois plein d'arbres sourcilleux,
Où de la Nuit l'astre capricieux
Voit expirer sa lumiére timide :
C'est dans le sein de ce Parc ténébreux
Qu'avec Morphée habitent ses élèves,
Les demi Dieux qui président aux Rêves ;
De ce séjour partent à tout moment
Des Messagers de l'Etat lunatique,
Pour échauffer maint cerveau politique,
Rendre diffus maint Faiseur de Roman,
Réaliser les vœux d'un Fanatique,
Et renverser les projets d'un Amant.
Chaque Génie a pour gîte un feuillage [1],
Et satisfait de son mince appanage
N'usurpe point un autre logement.
Les yeux d'abord s'arrêtent sur un Orme
Qui d'un ombrage en tout point uniforme,
Paroît couvrir plus d'un arpent quarré [2].
Les Rêves-creux, Ouvrage bigarré
De tout Rimeur par Pégase égaré,
Logent en corps sur la surface énorme

---

[1] *Ramos annosaque brachia pandit,*
Ulmus opaca, ingens, quàm sedem somnia vulgò,
Vana tenere ferunt, foliisque sub omnibus hærent.
         Æneïd. Lib. VI.

[2] Quelques Voyageurs font mention de quelques arbres trouvés en Asie, dont les uns subsistent depuis le Déluge ; les autres pourroient couvrir de leur ombrage plus d'un arpent. Des Journalistes ont sérieusement rapporté ces absurdités. . . . Si ces Messieurs rêvent en Prose, pourquoi ne me seroit-il pas permis de rêver en Vers.

De ce bel arbre à Phébus confacré...
Si Maître Houdart, Poëte-Philofophe,
En nivelant dans fon ftyle moiré,
Des Madrigaux fous le titre de Strophe,
Crut qu'à Pindare il feroit comparé ;
Si dans des Vers dictés par Tyfiphone,
En diftillant l'amertume & le fiel,
En égalant Paris à Babylone,
Meffer Chevrier, Satyrique fans fel,
Et l'ennemi de l'Autel & du Trône,
Crut hériter des graces de Petrone,
Et du pinceau vigoureux de Chancel [3] ;
Si depuis peu le doucereux Nivelle [4],
En compofant force Drames fans art,
Genre nouveau, ni mâle, ni femelle,
Où fous des traits altérés par le fard,
Pleure Thalie & rit fa fœur Jumelle,
Crut balancer & Moliere & Regnard ;
N'en doutez point, ces Rêves ridicules,
Chers en tout tems aux faifeurs d'Opufcules,
Avoient leur nid fur cet arbre bâtard.

---

[3] La Grange-Chancel, Auteur des Philippiques, Ouvrage plein de véhémence & d'énergie que le Poëte admire, mais que le Citoyen défavoue, en ce qu'il transporte calomnieufement à un Prince aimable, des dénominations qui ne font dûes qu'aux Sardanapales & aux Cromwels.

[4] Nivelle de la Chaufée étoit un homme de beaucoup d'efprit ; mais de peu de goût... au refte j'avoue que Mélanide & le Préjugé à la mode me feroient prefque pardonner à ce genre bâtard de Tragi-Comédie.

CHANT QUATRIÈME. 43

Loin de cet Orme aux feuilles létargiques,
Un Cèdre altier s'éleve dans les airs :
C'est le séjour des Rêves magnifiques
Qu'ont enfanté ces fameux Politiques,
Dont le génie éclaira l'Uuivers.
Là sont placés ces écrits du portique,
Produits en vain pour rendre l'homme heureux.
Le grand Platon y voit sa République;
L'Abbé Castel [5] ses Romans vertueux,
Wolf ses Essais, Morus son Utopie,
Le grand Maurice un Ouvrage fameux
Qu'il décora du nom de Rêverie [6] :
Le Tems enfin sur l'Arbre glorieux
Place avec soin tout système amphybie,
Tous Rêves-creux des hommes de génie,
Depuis Platon jusqu'aux Montesquieux.
Ce monument des erreurs d'un grand homme,
Mais qui semblable aux ruines de Rome,
Atteste encor son ancienne grandeur,
Ne plut jamais à ma lourde Héroïne;
Trois fois son bras, jusques dans sa racine
Fit distiller un poison destructeur;
Trois fois aussi par sa vertu divine,
L'Arbre immortel conserva sa vigueur :
Ce Cèdre aux Cieux portant sa tête altiere,

---

[5] Castel de S. Pierre, célébre Politique de ce siécle ; on appelloit ses Ouvrages, les Rêves d'un homme de bien.

[6] Ouvrage posthume du Maréchal de Saxe, intitulé, *mes Rêveries*.

Est inondé d'un torrent de lumière ;
Tandis qu'au sein d'un atmosphère épais,
Tous ses voisins comme une humble bruyere
A ses côtés vegetent pour jamais.
Le Dieu Morphée en son noir séminaire,
Renferme aussi les rêves du Vulgaire :
Grace à ce Dieu, plutôt qu'à ses fournaux,
Ce bon Chymiste invente le grand œuvre ;
Cet envieux en reçoit la Couleuvre
Qu'il fait fisler sur ses nombreux Rivaux
Et Cynthia Prêtresse de Paphos,
Voit réussir une oblique manœuvre
Qui doit la mettre au rang de nos Sapphos.
O Parc charmant ! plus plein d'êtres célestes
Que les jardins de l'ancienne Memphis,
Tes visions sont rarement funestes ;
Du Tibre au Gange & d'Ormus à Paris,
L'homme connoît ton mérite & ton prix :
Sans ton secours Eglé l'octogénaire,
Peinte en carmin & vêtue en rubans,
Eut-elle acquis l'heureux talent de plaire,
En achetant des attraits de quinze ans ?
L'Apôtre obscur du plus mince Chapitre,
Prétendroit-il être un Apôtre en mître ?
Et ce Guerrier dont Londres a fait choix
Pour captiver l'Océan sous ses loix,
En copiant le fougueux Alexandre,
Dans ses excès plus que dans ses exploits,
En voyageant sur la carte du Tendre,

Et dépouillant vingt peuples à la fois,
Penseroit-il un jour unir sa cendre
Dans Westminster à celle de ses Rois?

Rêves charmans, Idoles de la terre,
Désertez tous ce bosquet enchanté;
Réunissez Brome avec le parterre,
Et la Finance avec la probité;
Que le faux goût s'accorde avec Voltaire,
Et le Public avec l'An Littéraire...
Vous valez bien la triste Vérité.

Tel est le Parc où ma belle Pagode,
Alloit souvent divertir ses ennuis....
Ce long recit, en faveur de la mode
Eut dû sans doute être un peu circoncis;
Je suis diffus sans être faiseur d'Ode,
Ou l'Arioste, ou Joseph Desmahis;
Mais sans défendre on blâmer ma méthode,
Je puis répondre aux Docteurs de Paris:
Les Dieux Rêveurs m'ont servi d'épizode;
Les Rêves donc doivent m'être permis.

Nos deux Amans parfumés de lavande,
Et couronnés de la même guirlande,
En minaudant parcourent ce bosquet:
» Bon, dit l'Epoux en voyant une bande
D'Esprits Rêveurs caqueter en secret;
» Je connois fort tout ce peuple follet;

» Ce ne font point des Dieux de contrebande,
» Et je leur dois tous les Vers que j'ai fait :
» Ah ! dit Barda, par quelle fympathie,
» Comme nos cœurs, nos goûts font-ils d'accord ?...
» L'enthoufiafme avec la frénéfie
» De tout Auteur doivent régler l'effor ;
» Si tu veux plaire, écris de fantaifie,
» Rêve, imagine, & tu deviens génie ;
» Peins la Nature, & tu n'es qu'un butor...
Ainfi Barda fe donnant pour modèle,
Analyfoit fes préceptes nouveaux,
Et pour appui de fes hardis propos,
Citoit déja la Motte & Fontenelle....
Mais mon Dunskou pour parler aux échos
Quitta foudain l'Ariftarque femelle.
Il erre feul dans le Parc ténébreux ;
Et tout entier au démon poëtique,
Il en attend une Ode Pindarique,
Pour célébrer fon bonheur & fes feux...
Le voilà donc mon Rimeur cacochime,
L'efprit en terre & les regards aux cieux,
Scandant les Vers de fa Pièce fublime :
Un port ftupide & des yeux de travers
Prouvent déja l'Ecrivain plein de vetve...
Mais un fouci vient glacer la Minerve
De mon Pindare égaré dans les airs :
» Hélas ! dit-il, en Profe, en Poëfie,
» J'ai toujours fait mille Songes divers ;
» J'ai rêvaffé tout le cours de ma vie,

CHANT QUATRIÉME. 47

» Et n'ai jamais senti que mes Rêvers...
» Dieux ! quel soupçon dans mon ame s'éleve ?
» Si mon bonheur n'étoit aussi qu'un Rêve ?
» Si mon emploi... Si l'Hymen qui m'attend....
» Juste ciel ! mais au chagrin qui me ronge,
» Pourquoi fournir un nouvel aliment ?
» Dût mon bonheur n'être qu'un vain mensonge,
» Chantons-le encor, comme on chante un beau
   » Songe....
» Je puis du moins être heureux en dormant...
» Mettons la main à ma premiere strophe...
» Esprits Rêveurs que ma Muse apostrophe....
» Bon... graces, nerf, tout se rencontre ici :
» Mais cette Rime..., Ah ! voilà mon souci ;
» Etoffe... Non... quel mot donc ? Philosophe.
» Ah ! je la tiens... Et je te tiens aussi,
Dit au Rimeur sa belle hors d'haleine,
En s'élançant tout d'un coup dans ses bras :
» Cruel, déja tu veux rompre ta chaîne ;
» Mais non, je suis ton Epouse & ta Reine ;
» Et de mes fers tu n'échapperas pas...
» Au Dieu Morphée, allons rendre visite,
» Et qu'à l'instant aux Mysteres secrets,
» Il initie un si cher Néophyte... «
La Reine dit ; le Poëte à sa suite
Entre bientôt dans un bois de Cyprès,
Où sous les traits d'un jeune Sybarite
Depuis cent ans le Dieu dormeur habite :
Sous un berceau d'arbustes toujours verds

Est un Sopha formé par la Nature,
Et qui maintient sa piquante parure
Malgré les vents, la grêle & les hivers;
Mille pavots qui naissent sans culture,
En tous les tems lui servent de bordure;
Le Dieu du jour en vain du haut des airs
Lance ses feux dans cette Grotte obscure,
L'heureux repos que Morphée y procure,
N'est point troublé par d'ennuyeux concerts;
Du seul Zéphir on entend le murmure,
Et l'Aquilon réformant son allure,
En sa faveur fuit dans le sein des mers.

Notre Héros, par sa tendre Sybille,
Est introduit bientôt dans cet asyle.
Jusques alors aux curieux divers,
Le possesseur du paisible Hermitage
Avoit voilé les traits de son visage;
Par la vertu de certains Talismans;
Dès que Barda montroit de son portique
Le Canapé du Dieu soporifique,
On éprouvoit d'éternels baillemens;
Et quand par fois jusques au Sanctuaire,
Quelqu'un osoit mettre un pied téméraire,
Au pied du lit il tomboit en dormant:
Mais mon Bardou n'est pas un sot vulgaire,
Et pour qu'il cède au pouvoir somnifére,
Il faut encore d'autres enchantemens.

Auprès

Auprès du lit où le Sommeil repose,
Sont des Lutrins d'un bois rongé des vers,
Chargés toujours de Livres entr'ouverts;
Et quand le Dieu baillant à bouche close,
Veut de son somme encor doubler la dose,
Il lit sans choix de la Prose ou des Vers.
Dunskou s'approche avec sa Philotée:
Il voit ici des Vers de Dufreny,
Là, les Romans du prolixe M....
Un peu plus loin les Rêves d'un Athée,
Qui prétendit balancer Salomon;
Ailleurs un conte en langage burlesque,
Pour imiter Chapelle & Bachaumont,
Et des Sermons en style Romanesque,
Et des Romans en style de Sermon;
Les Pitavals, les Faidits, les Clavilles,
Roi, Carlencas & le dernier Grimaud,
Qui dans Quimper nous glapit des Idylles,
Aux yeux du Dieu paroissent sans défaut;
Et dès long-tems dans ce Lycée utile,
Le vieil Platon cède au grand Mandeville [7],
Et la Fontaine à l'Abbé Bétoulaud [8]...

---

[7] Mandeville est l'Auteur de la fable des Abeilles, Ouvrage fait pour prouver que la vertu est une invention de coquins.... On a fait six Editions de ce Livre, & on ne sçauroit venir à bout de débiter l'estimable Traduction qu'on vient de faire de la République de Platon.

[8] Qui croiroit que dans le gros volume de ses Œuvres que

Notre Phénix des Sots de tous les âges,
Se reconnoît dans ces divers Ouvrages,
Et n'y voit point un esprit différent :
Avec transport il parcourt plusieurs pages ;
Sourit, admire & baille en admirant.
Déja sur l'œil de notre virtuose
L'enchantement opere avec vigueur,
Avec le Dieu quelqu'instant il compose ;
Enfin Barda lui montre une Ode en Prose,
Il lit, succombe, & Morphée est vainqueur.
Dès que l'Amant, du Pavot Pindarique
Eut éprouvé l'effet soporifique ;
Soudain l'Amante agite vivement
Le lit du Dieu qui dort profondément :
Ce réveil brusque épouvante Morphée,
D'un rêve affreux, sa tête est échauffée ;
Il croit d'abord qu'un tremblement soudain
Ouvre le globe & déchire son sein ;
Il ouvre ensuite une paupière humide ...
» Frère très-cher, dit la belle Stupide,
» (Car bien avant la naissance des Tems,
» La Nuit tous deux nous porta dans ses flancs ;)

---

nous a donnés l'Abbé Betoulaud, il y a cependant cinq Vers de bons : Les voici,

    Dorylas & Damon, ces deux fameux Poëtes,
      Sur leurs Vers ne sont point d'accord ;
    On ne peut, sans bailler, lire ce que vous faites ;
    Dit l'un ... en vous lisant, répond l'autre, on s'endort ...
      L'un a raison, & l'autre n'a pas tort.

CHANT QUATRIÉME.

» Il vient enfin ce siécle de délire
» Qui dans l'Europe étendra notre Empire.
» La France dort ; des millions de Sots
» Vont dans son sein rétablir le chaos.
» Déja je vois notre mere Nocturne
» Couver pour nous un âge de Saturne,
» Autrefois d'or & maintenant de plomb :
» Tout nous promet le régne le plus long ;
» Mais sans l'appui de la main de Morphée,
» Nous ne sçaurions en dresser un trophée.
» Sous ce berceau repose notre Hector ;
» Il nous servit ; il peut le faire encor :
» Dans tous ses sens verse un baume efficace,
» Son cœur d'airain & son esprit de glace
» Pourront alors servir le grand dessein,
» Qu'un grain d'orgueil fit éclore en mon sein.
» Découvre-lui sans voile & sans emblême,
» Et ma naissance & mon pouvoir suprême ;
» Qu'il puisse voir au miroir du passé,
» L'éclat d'un nom trop long-tems éclipsé ;
» Qu'à ses regards un Rêve développe
» Son sort, le mien & celui de l'Europe.
» Dès le berceau j'en fis mon favori ;
» Il est sur l'âge, & j'en fais mon mari :
» Il doit sçavoir de mes métamorphoses,
» L'effet, les loix, les progrès & les causes..
» J'ose espérer qu'une Sœur à vos pieds,
» Ne verra point ses vœux répudiés :
» Le sang nous joint, l'intérêt nous rassemble ;

D ij

„ Nous devons donc combattre & vaincre enſemble,
„ Juſqu'au moment hâté par mon Héros,
„ Qui plonge tout dans un parfait repos.
Morphée alors, pour contenter la Reine,
Ouvre des yeux flétris par le Sommeil :
D'abord il prête à ſa tête incertaine,
Le frêle appui de ſon coude vermeil ;
L'inſtant d'après il l'incline avec peine
Pour annoncer le ſuccès du conſeil ;
Mais cet effet l'ayant mis hors d'haleine,
Il baille, tombe & maudit ſon réveil.

CHANT CINQUIÉME.
LA VISION.

ARGUMENT.

Le demi-Dieu Phantase prend les traits du Jésuite Hardouin, & se présente à Dunskou endormi. Il lui apprend la naissance de Barda, sa descente sur la terre & ses premiers exploits.

PARMI les Dieux que le Parc lunatique,
Grace à Barda, renferme dans son sein,
Il en est un chef à sa République ;
Par son œil faux, son minois patelin,
Son bavardage un peu scientifique,
Son ton sceptique & ses erreurs sans fin,
On le connoît sous le nom de Phantase...
Sur ce nom Grec que personne ne jase;
Au jugement des François délicats,
Il a sans doute un mérite intrinséque ;
Car dans un tems où Magots, Falbalas,
Pompons, Ecrits, tout se fait à la Grecque,
Pourquoi mes Dieux ne le seroient-ils pas ?...

D iij

Or Mons Phantafe, au berceau de fon Maître,
Comme Miniftre, hier vint comparoître.
Tout en dormant Morphée à fon Vifir,
Fit part en bref de fon ordre fuprême;
Tout en rêvant mon Efprit à fyftême,
Dans tous fes points promit de l'accomplir.
D'une fimarre en cone terminée,
Il revêtit fon corps d'air condenfé;
Par une corde avec art façonnée,
Le moindre pli s'y trouve compaffé;
Un manteau noir d'une longueur fans bornes,
Couvre le dos de l'Efprit hériffé;
Et pour finir mon portrait efquiffé;
Le poids léger d'un bonnet à trois cornes,
Adroitement fur fa tête eft placé...
Mais c'eft en vain que j'ai chargé d'un mafque,
Le Dieu Phantafe en Mortel transformé,
Le Janfenifte à fa perte animé
A reconnu le Guerrier fous fon cafque,
Et s'appuyant de mon Portrait fantafque,
Me dit déja: *c'eft toi qui l'as nommé*...
Il a raifon: c'étoit un fils d'Ignace,
Un foi-difant Profès des quatre vœux,
Que Mons Griffet mit au haut du Parnaffe,
Et Mons Ricci doit mettre au rang des Dieux...
Qu'il vole au ciel, ou qu'à peine il y grimpe,
Sur cet objèt je laiffe le fcrutin;
J'ignore encor fi par l'ordre Divin,
Il changera de furnom dans l'Olympe,

Chant cinquiéme.

Mais sur la terre il s'appelloit Hardouin [1].
C'est cet Auteur fécond en paradoxes,
Dont les Ecrits toujours hétérodoxes,

---

[1] Le Jésuite Hardouin s'imaginoit que tous les Livres qu'on donne pour anciens, avoient été fabriqués au treiziéme siécle par les Moines; il en exceptoit les Géorgiques de Virgile, les Satyres & les Epîtres d'Horace, les Œuvres de Ciceron & sur-tout l'Histoire naturelle de Pline, parce qu'il l'avoit commentée. Ce systême absurde est développé dans sa Chronologie rétablie par les Médailles, 2 Vol. in 4°. qui ne valent pas quatre bons Vers de cet Enéïde qu'il attribuoit à des Moines. L'Epitaphe de cet homme singulier le peint admirablement.

> *Hic jacet,*
> *Hominum paradoxotatos,*
> *Orbis litterati portentum,*
> *Venerandæ Antiquitatis cultor & destructor,*
> *Doctè febricitans,*
> *Somnia & inaudita Commenta vigilans edidit*
> *Scepticum piè egit.*
> *Credulitate puer, audacia juvenis, deliriis senex.*

Croiroit-on que cet Auteur extravagant vivoit au siécle de Louis XIV. il est singulier que l'erreur soit l'apanage de la raison humaine, soit dans les siécles éclairés, soit dans les siécles de Barbarie; ici c'est l'ignorance, là, c'est l'esprit de systême qui l'égare; la Sphère de nos lumiéres s'agrandit quand nous imitons, mais elle semble se retrécir quand nous voulons inventer.

Ce Siécle fait gloire du titre de Systématique; cependant l'esprit de systême est essentiellement opposé à la recherche de toute vérité; il faut moins s'étudier à deviner la natute qu'à la surprendre dans ses opérations.... Si la Physique moderne a fait les plus brillantes découvertes, elle ne les doit pas à l'invention de la matiére subtile ou au systême des tourbillons, mais aux expériences des Boyles & des Newtons. Il en est de même de la Philosophie morale. On ne doit point mesurer la nature au compas de son génie: le Sage doit faire l'Histoire de l'homme, & n'en pas entreprendre le Roman.

Firent gémir les Preſſés de Berlin :
Il devina qu'un moderne Druide
Avoit été le Pindare latin ;
Qu'un Recollet fit l'art d'aimer d'Ovide,
Et qu'Apollon ne devoit l'Enéide,
Qu'aux longs travaux d'un bon Bénédictin,
Il fit encore un rêve clandeſtin ;
Il devina que toujours plus féconde,
Malgré Paſchal, Colbert & Soanen,
Sa compagnie achevant ſon chemin,
Ne tomberoit qu'à la chute du monde ;
Mais Thémis dit qu'il fut mauvais Devin...
Ce Loyola jadis par ſympathie,
Chériſſoit fort mon Barda maſculin ;
Tout Lecteur donc s'il a quelque génie,
Du demi-Dieu pénétre le deſſein,
Et doit juger que Mons Phantaſe enfin
Ne devint point Hardouin par fantaiſie.
Le ſoi-diſant s'approche du Héros
Qui repoſoit près de ſa Favorite,
Et revêtant cet orgueil hypocrite
Qui fut toujours la vertu d'un Jéſuite,
Avec chaleur il lui parle en ces mots...
» De tes revers la carrière eſt bornée,
» Mon fils, le ciel qui t'offre ſes faveurs,
» En concourant à ton noble Hymenée,
» Se juſtifie enfin de tes malheurs ;
» Mais ton eſprit aigri par l'indigence,
» De ton bonheur conteſte l'exiſtence,

CHANT CINQUIÉME.

» Et l'entrevoit sous des voiles trompeurs.
» Je veux, ami, dissiper ces nuages :
» Lorsqu'avec toi, je vivois sur ces bords,
» Par mon sçavoir j'effaçois les sept Sages...
» Je puis ainsi me rendre témoignage,
» Un noble orgüeil convient très-bien aux morts,
» Et l'Univers lit de plus mes Ouvrages...
» Eh bien, mon fils, depuis l'heureux moment
» Qui renferma mon corps au monument,
» L'activité de mon intelligence
» S'accroît encor dans la nuit du silence;
» De mon esprit trop captif à Paris,
» Grace au Trépas je rens la Sphère immense;
» Je vole enfin où je rampai jadis...
» Ecoute donc d'une oreille attentive
» Les grands secrets que je dois t'annoncer.
» De tes ayeux la gloire primitive,
» Et ton bonheur qui ne peut s'éclipser,
» Vont à tes yeux s'offrir en perspective;
» Mais quelqu'objet qui me tienne occupé,
» Et quelques faits que ma critique embrasse,
» Tu ne dois point dans ton esprit frappé,
» Me supposer un Rêveur du Parnasse :
» Tout doute en toi doit être dissipé;
» Persuadé qu'un Eleve d'Ignace
» Jamais ne trompe, & n'est jamais trompé.

» Quoique semblable aux Françoises modernes,
» L'être stupide enchaîné sous tes loix,

» Est au-dessus de ces Dieux subalternes,
» Qu'Athène & Rome adoroient autrefois,
» Quand à la Mer, à l'Olympe, à l'Averne,
» Trois Jupiter présidoient à la fois.

» Long-tems avant la naissance du monde,
» Avec la nuit vint s'unir le Chaos ;
» De cet Hymen, dans une paix profonde,
» Nâquit bientôt la Déesse des Sots :
» Ce n'étoit point un Ouvrage anonyme,
» D'Atomes vains assemblage imparfait ;
» Le double Dieu qui régnoit sur l'abyme,
» Dans cet enfant s'étoit peint trait pour trait ;
» Elle eut l'esprit discordant de son pere,
» Le corps épais de son obscure mere.
» Tous deux voyant un si bizarre objet
» De la Nature admirerent l'effet :
» Mais le grand vuide où sur le point de naître,
» Se réposoient les germes de tout être,
» En le voyant demeura stupéfait ;
» Dans le repos d'une longue indolence,
» Vivant d'orgueil, s'engraissant d'ignorance,
» La belle Sotte au gré de ses souhaits
» Régne en l'abyme & végete en silence,
» La terre enfin recevant l'existence,
» Elle descend sur sa surface immense,
» Et s'y promet un Trône & des Sujets.

» Dans un climat chéri de la Nature,

CHANT CINQUIÉME.

» Vivoit un Etre égal aux demi-Dieux :
» Son front marquoit la candeur la plus pure ;
» Un feu célefte éclatoit dans fes yeux ;
» Dans fes tranfports la raifon toujours fage,
» Malgré fes fens maintenoit fa vigueur ;
» Le Ciel pour lui fe montroit fans nuage ;
» Le ciel étoit l'image de fon cœur ;
» De fon efprit la Sphère étoit immenfe,
» Rien n'échappoit à fa fagacité ;
» De la matière il connoiffoit l'effence,
» Et plus encor fa propre dignité ;
» Et fi le vol de cette intelligence
» Par l'infini n'eût été limité,
» Ce globe entier foumis à fa puiffance,
» Eut de fon Roi fait fa divinité.

» Cet être Roi vécut une journée ;
» Le lendemain autres loix, autres mœurs ;
» La Scène enfin change avec fes Acteurs.
» Dès le berceau la Terre furannée
» Forme en fon fein des chardons pour des fleurs ;
» Une faifon de frimats couronnée,
» Attrifte Flore & ternit fes couleurs ;
» L'autre eft de feux fans ceffe environnée ;
» Et la tempête en cent lieux dechaînée,
» Sous fon Empire exerce fes fureurs...
» Dans un moment ta prifon fut bâtie...
» Pour gouverner ce nouvel Univers,
» On vit paroître un Roi chargé de fers :

» Son front timide, & sa face flétrie,
» En traits sanglans font lire ses revers,
» Dans les recoins de son ame avilie,
» Avec l'orgueil logent mille travers.,
» Il dit souvent : l'Olympe est ma patrie :
» Quand, malgré lui, son propre cœur s'écrie :
» Je sens en moi tous les maux des Enfers...

» Dame Barda du centre d'une nue
» Voit l'animal & naître & végéter :
» Elle le voit & sourit à sa vûe ;
» Puis dans ses bras elle court se jetter.
» Le beau Monarque admire la statue,
» Riant par bonds, & mouvant par ressort,
» La gaze épaisse autour d'elle étendue :
» A l'imiter ensuite il s'évertue ;
» Puis s'affoiblit, tombe, baille & s'endort.
» En ce moment la Déesse massive
» Ceint le dormeur de son épais bandeau,
» Et retrécit son imaginative,
» En l'enfermant sous un triple fourreau :
» L'animal Roi sent son ame captive,
» Lutter en vain contre ce joug nouveau ;
» Tout perd en lui ses forces primitives ;
» Sa raison voit éteindre son flambeau,
» Ses facultés deviennent plus tardives,
» Sa vanité seule en est plus active,
» Et ses erreurs le suivent au tombeau.

Ainsi parla le Génie en Simarre,
Pour expliquer au stupide Héros,
L'extraction, la naissance bizarre,
Et les exploits de la Reine des Sots....
Un soi-disant Critique de mérite,
S'étonnera qu'un soi-disant Jésuite,
Devant un Sot d'un timbre dépravé
Parle avec force & d'un style élevé :
Mais les Bureaux du Bel-esprit moderne
N'ignorent pas que Phantase gouverne
Les demi-Dieux du Cèdre & des Cyprès,
Comme il préside aux rêves subalternes ;
Et que s'il peut rêver des balivernes,
Il peut aussi penser avec succès...
Tout l'Univers (j'entens trente Jésuites,)
Sçavent aussi qu'Hardouin sur plus d'un ton
Monta jadis sa lyre hermaphrodite,
Et qu'il raisonne en ses Œuvres proscrites,
Tantôt en Moine, & tantôt en Platon.

CHANT SIXIÉME.
LE PIC DE TÉNÉRIFFE.

ARGUMENT.

Le faux Hardouin dans une vision conduit Dunskou sur le Pic de Teyde. Etendue des climats soumis à la Stupidité. Etat présent des trois Peuples célébres par les siécles d'Alexandre, d'Auguste, de Léon X. & de Louis XIV.

Frere Phantase au gré de son caprice,
Continuoit d'instruire son Novice;
Soudain aux yeux de mon couple Félon,
S'offre un courfier dont les aîles dorées
Fendent des Cieux les plaines azurées :
Ses yeux de Sphinx, sa tête de Gryphon,
Son poil, sur-tout l'épaisseur de sa griffe,
Lui donnent l'air d'un portrait de Calot,...
« Eh! dit Dunskou, je connois l'Escogriffe,
« Oui, c'est Pégase, ou je ne suis qu'un Sot...
Il se trompoit; car c'étoit l'Hypogriffe...
Nos Paladins se guindent sur son dos,
Le courfier part, il ne fait que trois sauts,

CHANT SIXIÉME.

Au quatriéme il est a Ténériffe [1].
La Caravanne arrivée au bon port,
Au haut du Pic on place un télescope ;
Tout l'horison bientôt se développe,
Et nos Héros découvrent sans effort
Avec l'Asie, & l'Afrique & l'Europe.
» O mon cher fils, dit alors frere Hardouin,
» Jette les yeux sur ce vaste hémisphère ;
» Vois ce nuage élevé de son sein,
» Naître, s'accroître & couvrir l'atmosphère :
» Dans ces climats la fille du Chaos,
» Asservit tout sous son joug somnifére,
» Et fait goûter un stupide repos.
» Le peuple nud qui végete en Nubie,
» Ces quart d'humains qui peuplent la Turquie,
» Le froid Lapon qui rêve dans ces bois,
» Le peuple faux que nourrit l'Italie,
» Le peuple fier qui régne sur ses Rois,
» Et les trois quarts de ce Peuple Amphybie,
» Où l'on admire & chansonne à la fois,
» Wolff, l'Abbé Pic, Lowendall & Debrie [2],
» Suivent la Reine & rampent sous ses loix...
» De tems en tems cette terre abrutie
» Donna le jour à d'orgueilleux Titans,

---

[1] Allusion à un fameux passage d'Homère.

[2] L'Abbé Pic, Auteur de mauvais Opéras, chansonnés par le grand Rousseau.... Debrie un des Antagonistes de Gacon étoit un mauvais Auteur dechiré par un mauvais Critique.

» Qui pour bouclier n'ayant que du génie,
» Pour javelot la piquante ironie,
» Et pour renfort l'esprit & le bon sens;
» Sous les drapeaux de la Philosophie,
» Ont de Barda borné la Monarchie,
» Et de son trône ouvert les fondemens :
» Mais la Déesse à la mine engourdie,
» Leur opposant sa force d'inertie,
» En triompha toujours avec le tems.
» Vois aux confins de l'Inde Orientale,
» Ce beau climat que l'aube matinale
» Vient colorer de ses rayons naissans :
» Dans ce séjour égal à l'Elisée,
» Phébus éteint les foudres du Dieu Mars,
» Et sous le nom du sage Confugtsée,
» Fonde un instant le trône des beaux Arts;
» Mais cette aurore est bientôt éclipsée :
» La main du tems qui mine avec lenteur;
» Le Bonze armé des traits du fanatisme;
» Le lourd lettré prêchant le pédantisme;
» Et le Tartare appuyant sur l'erreur
» Le fondement d'un sanglant Despotisme,
» Ont à jamais soumis à l'Ostracisme
» L'ami des Arts, & l'esprit Créateur.
» D'une autre part vois ces plaines fécondes,
» Où le bled germe & murit sous les ondes,
» Et dont le Nil fait autant de jardins;
» Pays fameux par ses Hiéroglyphes,
» Son Osiris & ses Oignons divins;

Les

CHANT SIXIÉME.

» Les Arts jadis nâquirent dans son sein ;
» Et sur ses mœurs Bossuet & Rollin
» N'ont jamais fait de contes apocryphes ;
» Mais cet Empire a reconnu nos loix,
» Dès que Cyrus, Antoine, les Califes,
» Ou l'Ottoman sont devenus ses Rois.
» Les arts, du Nil, transplantés dans la Grèce,
» Germent bientôt dans ce nouveau terroir ;
» Son atticisme unie à sa sagesse,
» S'étend encor plus loin que son pouvoir...
» Faut-il, mon fils, rappeller la mémoire
» De tant d'objets si fatals à ta gloire ?
» Là dans Ascrée un Vieillard vigoureux
» Chante le Ciel, le Chaos & les Dieux (3).
» Ici, couvert d'une double couronne,
» Homère plein de sublimes défauts,
» Jouit du fruit de ses heureux travaux ;
» Peintre hardi qui n'imita personne,
» Et qu'ont toujours imité ses Rivaux.
» Plus loin je vois le fougueux Demosthène ;
» Contre Philippe il tonne dans Athène ;
» Et d'un seul coup il immole à sa haine
» La Macédoine & l'Empire des Sots.
» Deux Favoris que choisit Melpomène,
» En divers tems Souverains de la Seine,
» Frappent l'esprit, attendrissent le cœur ;

---

(3) Ce Vieillard est Hésiode, Auteur de la Théogonie & d'un Traité d'Agriculture, intitulé : *Les Œuvres & les Jours*. Il écrivit dans un Siécle barbare, & ses Ouvrages ne le sont point.

E

"Tandis qu'au sein d'une patrie ingrate,
"Un Philosophe élevé par Socrate,
"Défend sa cause, & devient son vengeur.
"Appelle ailleurs, peint le fils de Philippe,
"Et le ciseau de l'immortel Lysippe
"Fait respirer ce Héros sur l'airain.
"Tant de succès allarmoient la Déesse ;
"Elle craignit qu'on ne vît dans la Grèce,
"La nuit céder au jour le plus serein ; ...
"Mais ce beau jour ne dura qu'une aurore...
"Homère est mort, & Barda vit encore.
"Oui, Barda vit, tandis qu'un Ottoman,
"Le fer en main, contraint le Grec rébelle
"A se soumettre au joug de l'Alcoran ;
"O, mon cher fils ! quel triomphe pour elle,
"De voir un Sot, s'il est ceint d'un turban,
"Rendre captifs, & les cœurs, & les langues
"Des destructeurs de l'Empire Persan,
"D'appercevoir la Chaire d'un Iman,
"Où fut jadis la Tribune aux Harangues;
"L'Aréopage érigée en Divan,
"Et le Gymnase en Fontaine publique :
"Un Peuple altier que la Mer Atlantique
"Vit dans son sein naviger tous les ans,
"Reduit sans peine au commerce de Lucques;
"Et les Solons faire place aux Eunuques,
"Qui chez les Grecs régnent pour les Sultans (4).

---

(4) En Turquie, en Perse & dans la plus grande partie de l'Indostan, les Eunuques font tout, & les Princes ne font rien. On

CHANT SIXIÉME.

» Portes ta vûe au-delà du Bosphore,
» Dans ces climats toujours chéris de Flore ;
» Où l'Anio se plaît à s'égarer :
» Vois cette Ville en Héros si féconde,
» Qui mit sa gloire à conquérir le monde,
» Et son bonheur ensuite à l'éclairer.
» Barda craignit dans le siécle d'Auguste,
» De voir le Sceptre arraché de ses mains ;
» Et sa terreur ne parut point injuste :
» Ce Prince, alors l'Arbitre des Humains,
» Aimoit les Arts, & protégeoit les Sages ;
» Rome par-tout acquérant des suffrages,
» Fit adopter à chaque Souverain,
» Ses loix, ses mœurs, ensuite ses ouvrages ;
» Et l'Univers après deux ou trois âges

---

leur confie les emplois les plus importans ; patce que ces êtres qui ne sont attachés à l'humanité par aucun lien, sont moins en état d'occasionner des révolutions contre leurs Bienfaiteurs ; .... Sans doute il est bien dur aux descendans d'Alcibiade & d'Epaminondas d'obéir à des châtrés ; mais leurs malheurs sont si grands, qu'ils cessent même d'y être sensibles.

On a raison de dire que la Grèce n'offre plus que des ruines magnifiques où on la cherche sans la trouver .... L'indigence des habitans est si grande, que les citoyens de Micone ne payent que dix écus de taille au grand Seigneur, pour posséder l'Isle de Délos, où l'on tenoit autrefois le trésor public de la Grèce, & qui étoit, sans contredit, le plus riche Pays de l'Europe.... *Voyez le Voyage du Levant de Tournefort. Tome I. Lettre VII.*

Voilà peut-être un des motifs qui a fait des brutes, des descendans de Platon & de Pindare : la Littérature est fille de l'Aisance ; & un Paysan occupé toute la journée à tracer sur la terre de pénibles sillons, ne s'amuse guères à faire des Madrigaux.

E ij

» Fut étonné de fe trouver Romain.
» Depuis Céfar jufques à Marc-Aurele,
» Affez d'Auteurs chez ce Peuple fameux,
» Contre Barda fignalerent leur zèle ;
» Pourquoi voit-on la critique infidéle
» Groffir encor leurs bataillons nombreux ?
» Fiers ennemis de ma ftupide Reine,
» Qu'enfin le Paon au Geai defiguré,
» Ne prête plus fon plumage azuré ;
» Apprenez donc que l'ami de Mécène
» Ne fut jamais qu'un Francifcain lettré ;
» Que vous devez, & Properce & Tibulle,
» Aux doux loifirs d'un galant Recollet ;
» Et qu'un Prieur forti de fa cellule,
» Fit l'Eneïde en jouant au Piquet...
» Ah ! cher Dunskou, fi la jaloufe Parque
» N'eut de mes jours trop tôt rompu le fil ;
» J'aurois encor fous le nom d'Ariftarque
» Pulverifé le Roman puéril,
» Qui place au rang des Poëtes de marque,
» Et l'Ariofte, & le Taffe, & Pétrarque...
» J'ofe efpérer qu'un Loyolifte oifif,
» (Et maintenant ils le font tous en France,)
» Va mettre au jour cet Ouvrage inftructif ;
» Et fon produit mettra dans l'opulence,
» La Tour, Griffet, & cent autres encor :
» Ainfi, toujours cher à ma Compagnie,
» Je l'illuftrai dans le cours de ma vie
» Et la nourris long-tems après ma mort...

» Mais si deux fois Rome nous fut fatale,
» Si la Science osa de ce séjour
» Bannir deux fois sa stupide Rivale,
» Barda revit & la chasse à son tour...
» Vois quel nuage obscurcit cette Ville ?
» Ce Capitole où triompha Camille,
» Est desservi par quatre Recollets ;
» Les Monsignors foulent d'un pied tranquille,
» Le marbre noir du Temple de Cerès ;
» Les descendans de César & d'Emile,
» En faux-bourdon frédonnent des Mottets ;
» Et si Mantoue a perdu son Virgile,
» Elle a du moins ses Faiseurs de Sonnets :
» Ce Peuple heureux que nourrit l'Italie,
» Jouit d'un sort vraiment digne d'envie,
» Loin des Nerons & des Caligulas :
» Il va le jour prier à la Rotonde (5),
» Et court le soir bailler aux Opéras ;
» Et s'il n'a plus de graves Magistrats
» Qui sous son nom aillent régir le monde,
» Il le remplit de Faiseurs d'Entrechats.
» O, mon cher fils ! quel tableau magnifique,
» Vient se tracer à mes regards surpris ?
» Sur le parvis de cette Basilique,
» De Tite-Live on brûle les Écrits (6) ;

---

(5) C'est l'ancien Temple du Panthéon, érigé en Eglise, sous le nom de *Notre-Dame de la Rotonde*.

(6) Le Pape Grégoire fit jetter l'Histoire de Tite-Live au feu, parce que, dit-il, *In superstitionibus & sacris Romanorum perpetuò versatur*.

E iij

» Le Cirque ancien couvre de ses débris,
» Le Cabinet d'un Maître de Musique ;
» Sur les avis d'un Minime ombrageux,
» L'Amphithéâtre est percé par trois rues ;
» Le Marché-neuf est pavé de Statues,
» Et les Egoûts comblés de demi-Dieux,
» Jusqu'au moment qu'un Sculpteur subalterne,
» En saint Christophe érige un vieil Atlas ;
» Que par ses soins le perfide Judas,
» De Diogène ait en main la lanterne ;
» Et que Judith pour le chef d'Holoferne,
» Ait dans son sac l'égide de Pallas.

» Près de ces Monts dont les cimes chenues,
» En tous les tems se perdent dans les nues,
» Contemple encor ce Peuple merveilleux,
» Qui réunit les Arts de tous les âges,
» Bat ses voisins, & les chante encor mieux,
» Vante ses Rois, ses Héros & ses Sages,
» Et dans son sein nous vit naître tous deux.
» Il fut long-tems favori de la Reine ;
» Car, quand jadis au Saturne Gaulois,
» Un bon Druide offroit à chaque mois,
» Le cuir rôti d'une victime humaine,
» Montesquieu sur les bords de la Seine,
» N'avoit pas fait encor l'Esprit des Loix ;
» Clovis, Pepin, l'époux de Frédegonde,
» Jugeoient les Francs, sans éclairer le monde :
» Et quand Ramus plaidant pour l'Alphabeth,

» Citoit Platon, saint Paul & la Genèse,
» Et du Senat obtenoit un Arrêt ;
» Nos Roscius sur la Scène Françoise,
» Ne jouoient point Alzire ou Bajazet...
» Il vint enfin ce Siécle trop célébre,
» Où, chez les fils des stupides Gaulois,
» Depuis les Vers jusqu'à la triste Algebre,
» Tous les talens fleurirent à la fois ;
» Jamais Barda ne perdra la mémoire,
» De ce long siécle ennemi de sa gloire.
» Paschal alors par ses mâles écrits,
» Fixoit sa langue en Europe avilie.
» Un Richelieu fondoit l'Académie,
» Et faisoit voir Athènes dans Paris.
» Newton donnoit l'essor à son génie,
» Et balançoit Descartes & Leibnitz ;
» Tantôt d'un Astre en son périhelie,
» Il calculoit la vîtesse infinie ;
» Tantôt quittant le céleste Lambris,
» Son Prisme adroit faisoit l'Anatomie
» Des sept couleurs de l'écharpe d'Iris.
» Un d'Aguesseau ressuscitoit Mécène,
» Il protégeoit les enfans d'Apollon ;
» Au Parlement parloit en Demosthène,
» Et gouvernoit sa Patrie en Solon.
» Le grand Corneille & le tendre Racine
» Faisoient parler Andromaque & Pauline,
» Rois tour-à-tour sur le double coteau.
» Rousseau touchoit la Lyre de Pindare,

» Anacréon faifoit place à la Fare,
» Et Juvenal fuyoit devant Boileau.
» Et quand Molière uniffant fur la Scène,
» Au fel François l'urbanité d'Athène,
» A leurs dépens faifoient rire à la fois,
» Le Sot, le Fat, le Noble & le Bourgeois ;
» D'une autre part on voyoit la Fontaine,
» A la Souris, à l'Ours prêtant fa voix,
» Sans emprunter le fiel de Diogène,
» Inftruire auffi le Vulgaire & les Rois.
» Quinaut, Lully fuivoient les mêmes traces ;
» L'un Favori de Cypris & des Graces,
» Pour les tirer, empruntoit leur crayon ;
» Le Florentin dans de pompeux Spectacles
» Juftifioit les antiques Miracles,
» Des Chants d'Orphée & du Luth d'Arion.
» Le Brun peignoit les combats d'Alexandre,
» Et le Sueur moins hardi, mais plus tendre,
» Par le bon goût égaloit le Pouffin.
» Un Girardon ranimoit la Sculpture,
» Perraut, Manfard changeoient l'Architecture ;
» Et chez des Goths portoit le goût Romain,
» Tandis que l'Art copioit la Nature
» Sur les métaux cizelés par Germain.

» Tant de fuccès énervoient notre zèle ;
» Barda voyoit éteindre fon pouvoir ;
» Peut-être même en proie au défefpoir,
» Et n'écoutant que fa rage cruelle....

"Mais par malheur elle étoit immortelle.
"Le tems calma son noir emportement :
"Ce Ciel françois où brilloient tant d'étoiles,
"Voit éclipser ses feux à tout moment ;
"La Nuit sur lui multipliant ses voiles,
"Brunit sans cesse un si beau Firmament.
"Déja les Arts tombent en léthargie :
"On sçait peser ce siécle merveilleux,
"Dont si long-tems s'applaudit ta Patrie :
"Désespérant d'effacer ses Ayeux,
"Notre François prudemment les décrie...
"Dans les Écrits de ces Maîtres divers
"On laisse en paix les foudres du génie,
"Pour adopter l'esprit & ses éclairs.
"Un Rimeur craint qu'Apollon ne l'embrase
"Des feux toujours recélés dans son sein ;
"On rallentit les fougues de Pégase ;
"Et sur le dos de l'animal bénin,
"Au petit pas chacun fait son chemin :
"On met de pair, le sublime & la phrase ;
"Et l'Hélicon en proie à nos Gredins,
"Est inondé de Discours pleins d'emphase,
"D'Écrits moirés & de Vers anodins.
"Tous vos Caffés, vos Bureaux littéraires,
"Vous placent même au-dessus de vos peres :
"Cet âge d'or qu'on vante avec orgueil,
"N'osa jamais produire une Iliade,
"Dans l'Épopée il trouva son écueil.
"Pour vous, qu'à tort dans l'Europe on dégrade,

» N'avez-vous pas, outre la Petréade,
» Colomb, Protis & la Baſiliade,
» Et des milliers de Poëmes moraux,
» Qui quoiqu'écrits dans un ſtyle mauſſade,
» Vivent du moins un jour dans les Journaux ?
» Corneille eſt mort... Vous voilà bien malades !
» Qu'on s'en conſole aiſément dans Paris ;
» Vos Crébillons compoſent des parades,
» Et pour Cinna l'on a les deux Biſcuits (7).
» Ainſi Barda dans la nuit du ſilence,
» Sçait lentement cimenter ſa puiſſance :
» Il vient, mon fils, cet âge fortuné,
» Qui ſoumettra la terre à ton Epouſe ;
» Par tes François la Déeſſe jalouſe,
» Ne verra plus ſon Empire borné.
» Malgré Voltaire & ſes ſçavantes veilles,
» Ton peuple altier ſuivra dans leur deſtin,
» Rome, Memphis, Babylone & Pekin ;
» De ſon Parnaſſe il fuira les merveilles,
» Pour admirer les geſtes d'un Pantin ;
» Et les Écrits de l'aîné des Corneilles,
» Auront le ſort des Vernis de Martin :
» Tes Citoyens dans une nuit profonde
» Seront alors des Sots avec ſuccès ;
» Et grace enfin à leur race féconde,
» Ce continent deviendra déſormais,

_____

(7) Les deux Biſcuits, parade d'autant plus courue, qu'outre le bon goût, les bonnes mœurs y ſont encore attaquées.

CHANT SIXIÈME. 75

» Sous mille aspects semblable au nouveau Monde
» Où les beaux Arts n'existèrent jamais.
» Le tems s'approche... O, mon fils, quel trophée
» Pour les Sujets de la sœur de Morphée !
» Quand l'Iroquois, chez les nouveaux Romains,
» Reconnoîtra son ancienne sottise ;
» Que les Hurons s'uuiront aux Germains ;
» Que sur la Seine on verra sans surprise,
» Un Caraïbe instruire nos Bramins (8).

---

(8) On appelloit un jour un Caraïbe sauvage ; Je ne connois de Sauvage, répondit-il, que l'Européen qui ne veut pas adopter nos mœurs & nos usages.... Ce Caraïbe parloit exactement comme parle chaque jour un François ; faut-il s'en étonner ? On nous assure qu'un pouvoir sympathique tend merveilleusement à réunir les deux Peuples. Tous les deux ne trouvant d'admirables que les fruits de leurs climats ; se croyant le centre unique d'où tout part, & où tout doit aboutir ; se regardant comme plus policés que les (prétendus) Sauvages qui les environnent, parce qu'ils sont plus efféminés ; ayant eu des peres qui faisoient de grandes actions sans s'en vanter, & se vantant eux-mêmes perpétuellement de celles qu'ils ne font pas... O François ! O Caraïbe....

Il suffit de lire attentivement les derniers Volumes de l'Histoire des Voyages, pour se convaincre de la justesse du parallèle que le P. Hardouin fait entre les divers Peuples d'Europe & les Sauvages d'Amérique ; ne parlons ici que du Romain-Iroquois.

Ce Peuple jadis fameux par ses exploits & ses conquêtes, ne l'est plus que par sa mollesse & sa lubricité : les hommes ne rougissent point de prendre les habits & les mœurs du Sèxe ; & si jadis les femmes y étoient des Héroïnes, les Héros maintenant n'y sont plus que des femmes.

Les Iroquois, (dit-on, Histoire Générale des Voyages, Volume LVII.... Caractères, mœurs, &c. des Indiens de l'Amérique Septentrionale) sont soupçonneux, legers & traîtres ; la

» Et que les Rois qu'honore la Tamife,
» Croiront régir des Caftes d'Algonquins.

vengeance fur-tout eft une paffion que le tems ne rallentit point, dans leur ame ; c'eft le plus cher héritage qu'ils laiffent à leurs enfans, & il paffe de génération en générarion.... Ils connoiffent même affez peu les fentimens de la Nature.... Un Iroquois rencontre fon pere dans un combat ; & l'alloit percer, lorfque le pere fe fait reconnoître. Il s'arrête, & lui dit : Tu m'as donné une fois la vie, je te la donne à mon tour : mais ne te retrouve pas une autre fois fous ma main, car je fuis quitte de ce que je te devois.

CHANT SEPTIÉME.

LES MÉTAMORPHOSES.

ARGUMENT.

Dernier Période de la Vision. Diverses Métamorphoses de la Stupidité. Retour de Dunskou dans l'Antre de Morphée, & son Réveil.

Déja la Nuit, terminant sa carrière,
Sur d'autres lieux promenoit son rideau;
Et du Soleil la blonde avant-courrière,
Vers l'Orient allumoit son flambeau:
Phantase veut, avant que la lumière
Du Néophyte entr'ouvre la paupière,
Lui devoiler un mystère nouveau.
» Cher fils, dit-il, que le Ciel a fait naître
» Pour devenir le Phénix des Bardoux;
» D'une Immortelle, ô toi, mortel Epoux,
» Connois Barda, si tu veux te connoître...
» Barda depuis la naissance des Tems,
» N'a pas vécu sous ces traits d'Amazone;
» Voici quel charme offre dans son Printems,
» Le corps massif d'une antique Matrone,

» Qui peut compter environ six mille ans,
» Lorsque la Nuit lui donna l'existence,
» Le Chaos sçut par de nombreux ressorts,
» Modifier sa nouvelle substance ;
» Et prétendit qu'il fût de son essence,
» De toujours vivre & d'animer tout corps.
» Son ame souple & semblable à l'argile,
» Put dans Newton fixer son domicile,
» Ou végéter dans l'être le plus sot ;
» Vivifier la tête d'un Virgile,
» Ou la coquille où rampe l'Escargot.
» Dame Barda seulement dans l'Europe,
» A mille fois changé son enveloppe ;
» Et pour pouvoir te décrire en entier
» Le cercle exact de ses Métamorphoses,
» Il faudroit être aussi long que Dacier,
» Ou plus oisif qu'un Avocat sans Causes,
» Ou plus diffus que le docte Banier.
» Là, sous le nom de Monarques stupides,
» Elle régit de stupides États ;
» Elle bâtit ici des Pyramides
» Où Pharaon loge après son trépas ;
» Soumettant tout à ses loix despotiques,
» En Tartarie elle court les forêts :
» Au nouveau monde elle fait des Caciques
» Et dans Venise elle fait des Ballets ;
» Dans nos climats quelquefois d'un Chanoine
» Elle revêt l'embonpoint & les traits ;
» Et les gros corps d'un Prélat ou d'un Moine,

« De tems en tems lui servent de relais.

« Vers ces climats où la naissante Aurore
« Peint de ses feux le sommet du Palmier,
« Et dont la terre en son sein voit éclorre,
« L'Encens qu'on offre à l'Etre qu'on adore,
« Et les Parfums qu'on vend chez l'Épicier ;
« Vois Mahomet que sa Patrie exile,
« Semer par-tout son nouvel Évangile,
« Dans l'Arabie éteindre le sçavoir,
« Donner aux Loix le dangereux pouvoir
« De condamner le Sage à l'Ostracisme,
« Et confier aux mains du Fanatisme,
« Avec le Fer, le Sceptre & l'Encensoir.
« L'Iman qui prêche au Peuple de Médine,
« Avec raison prête une ame divine,
« Au Fondateur du culte Musulman.
« Barda vêcut sous le nom du Brigand,
« Chez les Mecquois rétablit sa fortune,
« Fendit pour lui le globe de la Lune,
« Et composa deux tiers de l'Alcoran (1).

---

(1) Voici quelques endroits de l'Alcoran composés par la divine Barda.

Il y est dit que Mahomet a opéré 3000 miracles, sans comprendre l'Alcoran qui est le plus grand de tous ; de plus chaque Verset de ce Livre divin est un miracle ; ce qui en fait de bon compte 60000.

En un seul jour il prêcha à tout le genre humain ; & pour augmenter son Auditoire, les Anges & les Diables s'y rendirent.

» Vers l'Orient contemple cet Empire
» Que Congfutfée illuftra par fes Loix :
» On y voyoit raffemblés avec choix
» Tous les Écrits deftinés pour inftruire
» Les Mandarins, les Lettrés & les Rois ;
» Chi-ho-amti, Prince à jamais fans ame,
» S'il n'eut logé l'Immortelle en fon fein,
» Profcrit les Arts, rend la Science infâme,
» Et fait brûler les Livres dans Pekin (2).
» Ainfi l'on vit un inftant de délire,
» Anéantir tout ordre dans l'Empire,
» De l'induftrie altérer les canaux,

―――――

Il fit fendre la Lune en deux ; un des fragmens difparut, & l'autre refta.

Le jour du dernier Jugement, il s'avancera vers le Tribunal de Dieu, monté fur la Jument Alborak, & efcorté de 70000 Anges qui le fuivront triftement à pied... &c. &c, &c.

Mais auffi il y a dans l'Alcoran des traits fublimes qui n'appartiennent qu'à Mahomet ;... telle eft, par exemple, l'idée qu'il nous donne de la Divinité... Dieu eft Dieu, dit-il, & Mahomet eft fon Prophete... Allah, Allah, Mahomet Metrezoull... Il l'a ainfi très-bien défini en ne le définiffant point... La foule des Traducteurs a rendu ainfi cette célèbre profeffion de foi : il n'y a qu'un Dieu, & Mahomet eft fon Prophete... Ils n'étoient pas à portée d'en entendre la fublimité.

(2) Congfutfée, (ou Confucius) connu parmi nous fous le titre de Philofophe des Rois, eft appellé dans la Chine le Roi des Philofophes. Il forma dans Pekin une magnifique Bibliothéque, que fes difciples après lui s'empreffèrent encore d'augmenter : mais Chi-ho-amti la fit brûler & détruifit tous les Livres, & tous les Sçavans hommes de fon Empire. C'eft ce même Empereur qui bâtit le grand mur qui fépare la Chine de la Tartarie.

Et

CHANT SEPTIÉME.

» Et renverser d'une chûte soudaine,
» Les monumens de la sagesse humaine,
» Qu'avoient produits vingt siécles de travaux...
» Près des climats habités par le Maure,
» Vois s'élever les flammes d'un bûcher,
» Plus glorieux & plus utile encore.
» Vingt Rois d'Égypte avoient fait rechercher,
» Du Nord au Sud, du Couchant à l'Aurore,
» Les bons Écrits de cent Peuples divers ;
» Un Successeur du banni de la Mecque
» Fait mettre en cendre une Bibliothéque,
» Qui renfermoit l'esprit de l'Univers (3).
» Ce Conquérant fameux par ses ravages,
» Ce fougueux Chef de l'Arabe indompté,
» Si dans son corps Barda n'eut habité,
» N'eut point au feu condamné tant d'Ouvrages,
» Marqués du sceau de l'immortalité.
» En tous les tems l'Immortelle fit gloire,
» De se placer sur le trône des Rois ;
» Et souvent même, au rapport de l'Histoire,
» La Thiare en tête & la main sur la Croix,

---

(3) Voici un autre trophée de Barda...., un des Généraux d'Omar I. ayant conquis l'Egypte, & s'étant rendu maître d'Alexandrie, demanda au Calife ce qu'il devoit faire de la fameuse Bibliothéque que les Ptolomées y avoient rassemblée.... Omar répondit : » Ou ce que contiennent ces Livres s'accorde avec ce
» qui est écrit dans le Livre de Dieu, ou ne s'y accorde pas ; s'il
» s'y accorde, alors l'Alcoran suffit & ces Livres sont inutiles ;
» s'il ne s'y accorde pas, il faut les détruire...« Ce dilemme parut sans réplique à un Arabe, & tout fut brûlé.

F

» Sous les regards d'un nombreux Consistoire,
» Au grand Pontife elle prête sa voix.
» Sur-tout elle aime à vivre dans l'Asie,
» Prêtant son ame à des corps de Sultans,
» Où maintenant, dans l'état d'inertie,
» Ces lourds Sophis esclaves de leurs sens,
» Nés dans l'opprobre, & Rois dans leurs Harams,
» Qui végétant au sein de leur Patrie,
» Ne feroient rien s'ils n'étoient des Tyrans....
» Ton cœur frémit, & ton esprit s'étonne
» Qu'on soit ensemble, & Stupide & Cruel...
» Barda Bourgeoise, est un être sans fiel,
» On lui croiroit la douceur d'une Nonne ;
» Mais le front ceint d'une double Couronne,
» Barda, mon fils, n'est qu'une Jésabel.
» Souvent aussi la Déesse sinistre,
» Laissant dormir les Princes sous le dais (4),

---

(4) Des Séditieux dans un tems de famine vinrent au Palais de Charles II. Roi d'Espagne demandant du pain, & desirant que le Roi parût sur un balcon ; on leur dit, qu'il dormoit... *Il y a trop long-tems qu'il dort*, dirent ces malheureux ; *il est tems qu'il s'éveille*... Voyez les Mémoires pour l'Histoire d'Espagne, rédigés par le Marquis de Saint-Philippe.

Ce trait m'en rappelle un autre encore plus singulier ;....
En 1521 Solyman prend Belgrade ; une femme du commun s'approche de ce Prince, & se plaint amérement de ce que des Soldats lui ont enlevé ses troupeaux, qui faisoient son unique espérance...
Il falloit, dit le Sultan en riant, *que vous fussiez ensevelie dans un profond sommeil, puisque vous n'avez pas entendu venir les voleurs....
Oui, je dormois, Seigneur*, répond cette femme avec fermeté ; *mais c'étoit dans la confiance que votre Hautesse veilloit pour la sûreté*

» De son esprit gratifie un Ministre ;
» En qualité de Maires du Palais,
» Elle a régi l'Empire des François ;
» Comme Doyen dans le sacré Collége,
» Fils ou Neveu d'un Pape peu Chrétien,
» Elle a dans Rome envahi le saint Siége ;
» Et jadis même au sein de la Norwege,
» Elle régna sous le titre de Chien (5).

» En ce moment tous les Trônes d'Europe
» Semblent fermés pour la Reine des Sots ;
» Car en dépit d'un fameux Misantrope,
» Le corps d'un Sage ou celui d'un Héros,
» Peut rarement lui servir d'enveloppe (6).
» Ici Louis, de ses vastes Etats
» A sçu bannir le Démon des Batailles,

---

publique... Solyman fut assez grand pour ne point punir cette réponse hardie ; & pour réparer ses torts... Ce Prince étoit bon Roi ; chose rare dans un Conquérant.

(5) Osten, fils d'un Roi de Norwege, vers l'an 230 de notre Ere, fut élu par les Suédois pour leur Roi : les Norwégiens ayant massacré le Roi son pere, qui les traitoit cruellement, ce Prince mit tout à feu & à sang dans ce Royaume ; & pour comble d'ignominie, établit son chien pour le gouverner.... Voyez les Auteurs Scandinaves, cités dans l'Histoire des Révolutions de Suède, par l'Abbé de Vertot.

(6) Ces trois Vers font allusion à un Paradoxe du célèbre Rousseau de Genève, qui prétend que pour être vertueux, il faut marcher à quatre pattes, & que le Sage habite chez les Missilimakimaks.

F ij

» Pour y planter l'Olivier de Pallas,
» Et fait revivre Athène dans Verfailles.
» Là Stanislas, émule de Titus,
» Se rend des Rois l'oracle & le modéle;
» Par les beaux fruits de fa plume immortelle,
» De fes Sujets il est le Marc-Aurele,
» Et l'Antonin par fes rares vertus (7).
» Un Fréderic aux fources de la Sprée,
» Métamorphofe en fuperbes Etats,
» Une Province autrefois ignorée ;
» Les Arts en foule y volent fur fes pas,
» Pour refpirer un air pur & tranquille :
» Roi, Philofophe; il combat comme Achille,
» Et comme Homère il chante les Combats (8).
» Une Héroïne au fond de la Ruffie (9),

––

(7) Le Roi Staniflas vient de donner au Public en quatre Vol. in-8°. Le Recueil précieux de fes Ouvrages, fous le nom, d'Œuvres du Philofophe bienfaifant... Le plus beau titre qu'un Roi puiffe porter après celui de pere de fes peuples.

(8) Je crois digne d'habiter, parmi les Hottentots, celui qui ne connoîtroit pas l'Auteur immortel de l'Anti-Machiavel, du Code Frédéric, des Mémoires de Brandebourg, du Poëme de l'Art de la Guerre, &c.... Car Frédéric eut encore été un grand homme, quand même il n'eut pas été un grand Roi.

(9) Tout le monde fçait que le Czar Pierre I, le Légiflateur de la Ruffie, & peut-être fon premier Roi, ayant trouvé fes fujets Barbares, en fit des hommes.... L'Impératrice régnante, digne d'exécuter les vûes de ce grand homme, & d'y joindre encore les fiennes, vient d'écrire la Lettre la plus flatteufe à M. d'Alembert, pour l'engager à fe charger de l'éducation du Prince héréditaire de Ruffie.... Cette Lettre devroit être gravée fur l'airain comme un monument de la gloire des beaux Arts, du goût de l'Impératrice & des talens du Philofophe.

CHANT SEPTIÉME. 85

» Aux d'Alemberts demande des leçons,
» Et veut forcer le flambeau du Génie
» A s'allumer fous d'éternels glaçons ;
» Tandis qu'au fond des déserts de Hongrie,
» Un Peuple ami des Lettres & des Arts,
» Avec transport voit une Zénobie
» Assise encore au Trône des Céfars.

» Mais si Barda ne peut, malgré ses charmes,
» Des Rois d'Europe engourdir les talens ;
» Elle a recours, mon fils, à d'autres armes,
» Dont les effets font fûrs, quoique plus lents.
» Elle nourrit un Esprit d'indolence
» Chez les Auteurs, les Femmes & les Grands ;
» Et dans son sein concentre la Science,
» Pour avilir tout le corps des Sçavans.
» Là, fous le nom d'un Fabricant de Drames,
» A pleine coupe elle vend de l'ennui ;
» Pour le Théâtre elle rime aujourd'hui ;
» Le lendemain pour les cercles de Dames ;
» Elle remplit les Journaux d'Epigrammes ;
» Explique au Sexe un fot Amphigouri,
» Un Logogryphe, une platte Anagramme ;
» D'un grand Seigneur se dit le Favori ;
» Et chante en Vers le Toutou de Madame ;
» Pour obtenir la foupe du Mari.

» Ici la Reine, aux gages d'un Libraire,
» Dans un Ecrit, foi-difant Littéraire,

F iij

» Contre le goût fait métier d'abboyer :
» Mon Sot fémellé au haut de son grenier,
» A tout talent fait la plus vive guerre ;
» Et si foulant sous les pieds notre Terre,
» Un Newton plane au-dessus du tonnerre,
» Il le décrie assis sur son fumier.

» Tantôt Barda prend les traits d'un Saumaise,
» Son front hagard & ses yeux obscurcis ;
» Et chaque nuit elle veille à son aise,
» Dans le Lycée où dorment ses Ecrits.
» Vous le voyez s'extasiant sans cause,
» Sur les talens d'un Ecrivain sans nom ;
» Noyant toujours le texte dans la glose,
» Et compilant vingt passages d'Orose,
» Pour expliquer l'usage d'un Pronom ;
» Tantôt prenant la morgue d'un Mécène,
» D'un grand Seigneur, elle fait un grand Fat ;
» Donne des loix à son petit Sénat,
» Et s'établit Arbitre de la Scène ;
» Soumettant tout à son joug délicat,
» En petit-maître, elle change un Turenne,
» Pope en lourdaut, & Voltaire en pied-plat....
» Mais qui voudroit de ses métamorphoses
» Décrire au long les effets & les causes ?
» Je n'oserois l'entreprendre, mon fils,
» Quand je pourrois disposer des cent plumes
» Qu'on a chargé des Journaux de Paris ;
» Ou fabriquer trois fois plus de Volumes,

„Qu'Omar jadis n'en brûla dans Memphis.
„Enfin Barda chez la Gent qui rimaille
„A fait servir de chevaux de bataille,
„Les corps épais d'un million de Sots.
„Depuis le Roi fameux par ses oreilles,
„Dont Apollon punit les Chants fallots ;
„Jufqu'à la Mufe au Nectar de Grofeilles,
„Qui dans Paris prétend vendre à merveilles
„La nuit fes Vers, & le jour fes Syrops ;
„Tu fus, mon fils, bien plus cher à la Reine,
„Que ce ramas de Midas & d'Auteurs :
„Auffi la Nuit, d'une nouvelle chaîne
„Va-t-elle enfin refferrer vos deux cœurs :
„Pour contracter une union visible,
„Avec l'objet de tes vœux les plus doux,
„Tu vas dans peu devenir fon Epoux ;
„Et l'Univers à ce figne fenfible,
„Reconnoîtra le plus grand des Bardoux.
„Pour couronner une faveur fi rare,
„Puiffe, mon Fils, la Déeffe bizarre
„Voir en toi feul fes nombreux Favoris !
„Qu'elle raffemble en ton être imbécille
„L'intelligence & le goût d'un Dervis,
„L'air précieux d'un Abbé de Paris,
„L'efprit d'un Pic, le bon cœur d'un Zoïle,
„Et les talens d'un Faifeur de Lazzis !
„Autour de toi, tes fils naîtront en foule (10),

(10) Leuwenhock a obfervé un animalcule, dont la génération eft finguliere. Il ne vit que trente heures, ou pour mieux dire,

» Exactement façonnés sur ton moule ;
» Et confervans cet heureux naturel,
» Rendront, mon fils, ton esprit immortel.
» Dans la Gazette ils apprendront l'Histoire ;
» L'Art de prêcher dans cet Auteur mignon,
» Qui de ces mots d'Enfer, de Purgatoire,
» N'étourdit point son galant Auditoire ;
» L'Art des Chaulieux dans les Vers de F...
» Et le vrai goût du grand Art Oratoire,
» Dans les Ecrits du Courrier d'Avignon.

Le Loyola chéri de l'Immortelle (11),
Des bons Auteurs du Parnasse François,
Alloit encor groffir la Kyrielle ;

---

il est immortel ; car sa mort n'est qu'un sommeil d'un moment ; après quoi il se divise en huit parties, qui font huit autres animalcules ; ceux-ci trente heures après, en produisent chacun huit autres, ce qui forme ;

Dans la premiere multiplication,	8
deuxiéme,	240
troisiéme,	1920
quatriéme,	15360
cinquiéme,	122880
sixiéme,	983040
septiéme,	7864320

Ainsi en moins de neuf jours voilà près de huit millions d'animalcules engendrés. ... Je n'en conclus pas que la génération du Roi des Bardoux ait été en France tout-à-fait aussi féconde.

(11) Ce discours du P. Hardouin, tantôt comique, tantôt élevé ; tantôt fol, tantôt sensé ; ne manquera pas d'être critiqué... Mais qu'on songe que le caractere d'un tel Acteur est unique en son genre, puisque le personnage qu'il représente est lui-même un tissu de contradictions.

CHANT SEPTIÉME.

Mais le grand jour mit fin à ses Portraits;...
Déja le Dieu qui produit la Lumiére,
Sur l'Horison commençoit sa carrière;
Et les Recueils imprimés chez Chaubert,
Et debités par une Harangère,
Sans le secours d'une flamme étrangère,
Pouvoient se lire à la Place Maubert:
Notre Hypogriphe alors du Pic de Teyde,
Avec transport s'élance dans les airs;
Nos Paladins sur l'Oiseau Quadrupéde,
Dans un clin d'œil parcourent l'Univers;
Et dès qu'on voit la rive Gallicane,
Le Bucéphale encor frais & dispos,
S'abat sans bruit avec sa Caravane,
Dans le Jardin de la Reine des Sots.
L'ami Dunskou tout plein de son mérite,
Même du Ciel se croyant Citoyen
S'éveille alors près de sa Favorite,
Et reprenant le fil de l'entretien...
» Quoi, l'Hypogriphe... & mon pere Jésuite...
» Ciel ! qu'ai-je vu !... Mais il ne vit plus rien.

CHANT HUITIÉME.

LE CHASTEAU DE LA FINANCE.

ARGUMENT.

Les Epoux & leurs Courtifans fe rendent au Château de la Finance. Defcription du Jardin & de l'Edifice. Feftin nuptial. Prix propofé au plus Stupide des Convives. Triomphe de Dunskou.

JE vais chanter cet Etre hermaphrodite,
Souple, orgueilleux, bel efprit & groffier;
Traitant fans foi, Poëte fans mérite,
Et s'élevant à force de plier,
Qui régle tout dans ce Siécle hypocrite,
Sous le beau nom d'Apollon Financier...
Puifque la main de ce fatal Génie,
N'a pas encor de fon triple bandeau,
Enveloppé ma crédule Patrie;
Puifque Thomas, de la Philofophie
Impunément y porte le flambeau;
Et que, malgré notre état d'inertie,
On n'a pu faire une autre Béotie,
Du vafte Etat qu'éclaire Mirabeau;

Bornons du Dieu les honteuses conquêtes ;
Osons briser l'idole & son appui ;
Que dans Paris l'Hydre à soixante têtes,
Recule enfin ou périsse avec lui...
Pour dessiller l'œil du François crédule,
Bernons Crassus... sans jamais l'outrager...
Si le Poëte eut eu le bras d'Hercule,
Dans le combat il eut pu s'engager ;
Mais je sçaurois le rendre ridicule,
Et Thémis seule a droit de nous venger.

 Dès qu'à ses yeux, mon Héros noctambule,
Graces aux feux que lançoit le Soleil,
Sentit tirer le rideau du réveil ;
Accompagné de sa charmante Fée,
Il s'éloigna du berceau de Morphée.
A peine au Parc eut-il fait trente pas,
Qu'il apperçut Crassus le Sycophante ;
Et cent Auteurs tout aussi délicats,
Qui n'ayant pu séduire son Amante
Venoient du moins lui soufler un repas.
Soudain prenant un minois hypocrite,
Il vole au Chef du troupeau Parasite,
Et dans ses bras le serre tendrement...
» Je ne sçai point tracer un compliment,
» Dit le Traitant à mon Sot émérite ;
» Mais mon projet sans doute a réussi :
» J'ai mis en place un homme de mérite ;
» Il est heureux, & je le suis aussi.

» J'ai préparé l'Hôtel de la Finance ;
» Et pour nous rendre en ce lieu de plaisance,
» N'attendons pas que le flambeau des Cieux,
» En plein midi fur nous darde fes feux.
» J'amène ici grand nombre de Convives,
» Qui fçavent rire, écrire & griffonner :
» Leurs dents, je crois, ne feront point oifives,
» Depuis deux jours je les ai vu jeûner ;
» Et vous fçavez que les gens de génie,
» Quoique charmés d'être à l'Académie,
» Tiennent féance encor mieux à dîner. «
A ce difcours la Horde griffonnante,
En fouriant applaudit à Craffus,
Et prend congé, par de profonds faluts,
Du Roi des Sots & de fa tendre Amante.

Dunskou, de l'œil fuit fes anciens Rivaux.
Lourds en efprit, mais fort légers en panfe,
Au rendez-vous du Chef de la Finance,
On voit à pied défiler nos Grimauds.
Vers le milieu de la docte phalange,
Un lourd Baudet barriolé de fange,
Portoit à crû le célébre Gryphos,
Qui fur le dos du nouveau Roffinante,
Triomphoit plus de guider tant de Sots,
Que fi placé dans le rang des Quarante,
Il préfidoit d'Alembert & Duclos.
L'ami Dunskou, Craffus & l'Immortelle,
Montent un Char où la main d'un Apelle,

Sur le plafond avoit peint en vernis,
Les chastes feux de Mars & de Cypris :
Le Cocher part, jurant suivant l'usage,
Et le Trio, malgré son lourd fardeau,
Bien secondé du fringant attelage,
Arrive enfin sous les murs du Château.

Dans une Plaine où L... moins profonde,
Fait séjourner le crystal de son onde,
Un Financier construisit un Palais
Propre à servir d'appanage à nos Princes :
Ses revenus sembloient d'abord fort minces,
Il les accrut aux dépens des Français ;
Du Bâtiment le Peuple fit les frais,
Et le nomma l'Hôtel des trois Provinces.
A son aspect Plutus & ses Flatteurs,
En ris amers font éclater leur joie ;
Les Citoyens frissonnent dans leurs cœurs ;
Et sur le point de devenir leur proie,
Avec leur sang sentent couler leurs pleurs :
Une Puissance accoutumée à nuire,
Y corrompt tout, jusqu'à l'air qu'on respire.
Au Vestibule a-t-on fait un seul pas,
Le Sage en lui s'étonne de voir naître,
Des sentimens qu'il ne connoissoit pas ;
Le nouveau Noble aime à s'y méconnoître,
Et l'homme enfin commence à ne plus l'être.

Le corps d'Armée, où parmi les Laquais

Brilloient Crassus, l'Epoux & sa Bergère,
Et l'Avant-Garde armée à la legère,
Au même instant arrivent au Palais :
Mais dès l'entrée un spectacle terrible,
Fait reculer le Bataillon épais,
Et le surprend sans le rendre sensible.
Trois Citoyens, devenus malheureux,
Parce qu'on voit des Financiers en France,
Et qui des biens que nous tenons des Cieux,
Ne conservoient alors que l'existence ;
Les mains en sang & la mort dans les yeux,
Vouloient ravir à des Chiens furieux,
Des Alimens faits pour leur subsistance :
Mais à l'aspect de nos gens de Finance,
Avec transport ils s'élancent vers eux.
On tient Conseil... d'abord Crassus déclare,
Que tout périt, que l'argent est très-rare,
Qu'à peine il peut satisfaire aux impots ;
Qu'on peut au reste au sein de l'opulence,
Voir sans pitié l'indigent & ses maux ;
Puisqu'il est clair que les Pauvres en France,
Sont des Coquins, s'ils ne sont pas des Sots...
» Oui, dit Dunskou, la peine est légitime,
» Les Malheureux sont les enfans du crime ;
» Crassus l'assure, & le fait est certain ;
» Et Platon dit dans un Ecrit sublime,
» L'homme de bien ne meurt jamais de faim...
» Ah ! Monseigneur, votre crainte est futile,
» Dit humblement certain Abbé poupin ;

„ La Providence est pour eux un asyle,
„ Et sur leur sort on doit être tranquille ;
„ Car Dieu toujours leur ouvrira son sein...
Au Papelard tous donnent leurs suffrages,
Et saintement chassent ces Malheureux,
Qui recouvrant trois ou quatre héritages,
Redeviendroient aisément vertueux.
Crassus après cet acte de justice,
Conduit sa Cour aux Jardins du Château.
Avec transport on voit leur artifice ;
Car, c'est vraiment le Pinceau du caprice,
Qui dessina ce Chef-d'œuvre nouveau :
Du Luxe seul empruntant sa parure,
L'Art y succéde aux jeux de la Nature ;
C'est un Théâtre où le Décorateur
Accumulant prodige sur prodige,
N'a point cherché par un heureux prestige,
A fasciner les yeux du Spectateur.
A leur aspect le Vulgaire stupide,
Les prend d'abord pour les Jardins d'Armide ;
Mais sans le goût la pompe est insipide ;
C'est un beau monstre aux yeux du connoisseur.
Je pense voir ce Peintre ridicule,
Qui colorant les triomphes d'Hercule,
L'offroit aux Cieux dirigeant son essor ;
Mais qui craignant que lassé de sa route,
Il ne mourût une autre fois encor,
Avant d'atteindre à la céleste Voûte,
Le dessinoit mangeant un Harang-sor.

On ne voit point dans ces Jardins superbes,
Cette Fontaine asyle des neuf Sœurs,
Et que l'Aurore a formé de ses pleurs ;
Dont le cryſtal s'échappe par cent gerbes,
Pour inonder de Sots admirateurs ;
Ou qui coulant librement ſur les herbes,
Nourrit l'émail & le parfum des fleurs :
Je vois un Fleuve immenſe dès ſa ſource,
Qu'aucun rocher n'enchaîne dans ſa courſe,
Et qui partout promène ſes fureurs.
Dans ce Château conſtruit pour des Sauvages,
Tout eſt frappant, mais rien n'eſt naturel :
L'Orme eſt ſans feuille, & le Parc ſans ombrages;
Les Piéces d'eau font des mers ſans rivages,
Où les rochers forment un Archipel ;
Et le Rempart qui ferme les Bocages
A la hauteur de la Tour de Babel.
Ici Colas métamorphoſe en Arbre,
Un Cupidon couvert de ſon bandeau :
Là, le Sculpteur fait un Caton en marbre,
Plus mal taillé que les Ifs du Château.
Dans les détours d'un Boſquet ſolitaire,
L'œil étonné voit un Cadran ſolaire,
Couvert d'un toît & muni d'un rideau (1) :
Palès, Diane & des chœurs de Dryades,
Suivent un Cerf qui marche ſur les eaux ;

---

(1) Mon Financier avoit ſans doute pris cette précaution, pour empêcher ſon cadran d'être endommagé par la pluie.

Pendant

Pendant qu'un myrte entr'ouvert en berceaux,
Voit dans son sein trois grouppes de Nayades,
Treffant de fleurs leurs cheveux de Roseaux ;
Et l'Architecte au haut d'une Colonne,
Fait en airain respirer des Chameaux ;
Tandis qu'ailleurs le Dieu de la Garonne
Loge en son urne un vieil nid de Corbeaux.

Ce sot amas de grandes petitesses,
Frappe Dunskou, son Epouse & sa Cour ;
Sans se lasser l'œil parcourt les richesses,
Qu'à chaque instant fait naître ce séjour ;
On croit errer dans le Temple de Gnide ;
Et ce Jardin digne de tant d'amour,
Efface au gré de la Troupe stupide,
Et le désert embelli par Armide,
Et les Bosquets ornés par Pompadour.
Crassus sans faste & d'une humeur égale,
Hume l'encens dont chacun le régale ;
Et pour offrir un Spectacle nouveau
Aux Amateurs de sa Fête royale,
Il les conduit aux Salles du Château.

Un Architecte autrefois à la mode,
Avoit construit le Palais du richard.
Là de Vitruve il suivit la méthode,
Ici Perraut lui parut plus commode,
Ailleurs pour guide il adopta Mansard ;
Mais en mêlant ses desseins cacochymes,

G

A la façon de ces Maîtres sublimes,
Il ne forma qu'un Ouvrage bâtard.
Censeur outré du goût de nos Ancêtres
Qui travailloient pour leurs derniers neveux ;
Sur les leçons de quelques Petits-Maîtres,
Il éleva ce Château merveilleux.
Si d'un côté l'on prend pour la Bastille,
Le triple mur de ses deux Belveders,
Tout est ailleurs, fenêtre, porte ou grille ;
Et l'Edifice élevé dans les airs
Est le portrait d'un berceau de charmille,
Quand son feuillage en proie à la chenille,
Souffre en été les rigueurs des hyvers.

L'intérieur répond au frontispice :
On voit par-tout l'ouvrage du caprice ;
L'or toutefois brille de toutes parts,
Et du Vulgaire enchante les regards ;
Il embellit chaque meuble d'usage,
Et donne un prix à mille riens nouveaux,
Sous des lambris divisés en arceaux,
Des Paons de nacre étendent leur plumage,
Des Cupidons soutiennent des flambeaux ;
De plats Bourgeois, des Fats à triple étage,
Sont copiés au Sallon des Tableaux ;
Et chaque Sot apperçoit son image,
Multipliée en dix mille Trumeaux.

Le grand Dunskou voit d'une ame ravie,

Ce beau Palais à fa charge attaché ;
Mais pour Gryphos il le voit fans envie,
A fes travaux il feroit arraché,
S'il jouiffoit de ce lieu de Féerie ;
Il n'écriroit déformais de fa vie,
Et l'Univers perdroit trop au marché.

En traverfant un portique à la Grecque,
Douze Sallons aux Dames deftinés,
Vingt Cabinets l'un à l'autre enchaînés,
On vient enfin à la Bibliothéque.
C'eft dans le choix des Ouvrages divers,
Dont eft chargé ce Cabinet immenfe,
Qu'on voit le goût des Seigneurs de Finance.
Tout mauvais Livre, ou de Profe, ou de Vers,
Chez l'Imprimeur, s'il eft rongé des vers,
Chez le Traitant prend en plein fa revanche :
En maroquin proprement ajufté,
Revêtu d'or, & fur plat, & fur tranche,
Il fait la nique au Public dégoûté.
L'épais amas des Almanachs, Gazettes,
Journaux, Romans, Contes, Hiftoriettes,
Sous leur fardeau font gémir les Tablettes :
Ce gros in-douze, Ouvrage d'un Bardou,
Doit fon mérite aux preffes de Glafcow ;
Et ce Recueil de fades Chanfonnetes,
Eft décoré du titre de Bijou ;
Parce qu'Edling en traça les vignettes,
Et qu'il s'imprime aux dépens de Barbou.

Ne cherchez point dans ce nouveau Lycée,
Un Demosthène, un Sophocle, un Platon,
Anacréon, l'Auteur de l'Odyssée,
Montesquieu, Boileau, Pope & Newton;
Mais on y voit le Code d'Amathonte (2),
Musflu (3), Tattleff (4), Arboflede (5), Angora (6),
Le Pot-Pourri (7), Lamekis (8), Daïra (9),
Abasaï (10), L'Ecumoire (11), Ah! quel Conte (12),
Le Livre vert (13), Rozlli (14), Bok & Zulba (15).

(2) Comme on pourroit croire que tous ces noms sont tirés du Grimoire; il est nécessaire d'en détailler les titres... Le Code d'Amathonte, 2 Vol. *in*-12. Roman peu connu.

(3) Aben-Musflu, ou les Vrais Amours, *in*-12.

(4) L'Etourdie, ou Miss-Betsy Tattleff, 4 Vol. *in*-12.

(5) Arboflede, Histoire Angloise, un Vol. *in*-12.

(6) Angora, Histoire Indienne, 2 Vol. *in*-12.

(7) Pot-Pourri, Ouvrage heureux, un Vol. *in*-12.

(8) Lamekis ou les Ouvrages d'un Egyptien, 8 Vol. *in*-12.

(9) Daïra, Histoire Orientale, 2 Vol. *in*-12.

(10) Abasaï,

(11) L'Ecumoire, petit *in*-12.

(12) Ah, quel Conte! autre *in*-12.

(13) Le Livre vert, *in*-12. On auroit aussi pu y ajouter le Livre des quatre couleurs.

(14) Aventures de Rozlli, 2 Vol. *in*-12.

(15) Bok & Zulba, *in*-12... On doit me remercier d'avoir épargné au Lecteur les titres mêmes d'autres Romans, tels que... Abra-Mulé, ou l'Histoire de Mahomet IV... Amilec, ou la graine d'homme... Les Amours d'Abrocome & d'Antia... Atalzaïde... Les aventures d'Abdalla, fils d'Hanif... Les aventures de Ze-

CHANT HUITIÈME. 101

Vers le Plafond du réduit Littéraire,
On voit encor de faux dos en vernis,
Adroitement tracés sur les lambris ;
Mais Monseigneur pout l'usage ordinaire,
Voit du même œil le nom du grand Homère,
Peint sur un mur ou dans ses vrais Ecrits...
De son étui Mons Crassus avec grace,
Déja tiroit un Livre clandestin,
Et nos Epoux sembloient fondre leur glace
Pour applaudir à son goût libertin ;
Mais les Bardoux parcouroient le Parnasse
D'un œil timide & flétri par la faim,
Quand un Laquais, dont l'habit les efface,
Vient annoncer le moment du Festin.
A ce signal tout s'ébranle, & la troupe
Vers le Sallon défile lestement :
Sur le damas on s'assied mollement ;
Papillon sert, & Crassus qui découpe,
A ses côtés met l'Amante & l'Amant.
Aux premiers plats rompant son abstinence,
Chaque Convive observe un grand silence ;
Et le Service est à peine dressé,
Qu'en un clin d'œil on le voit éclipsé.

Ioïde & d'Amanzarifdine.... Crémentine, Reine de Sanga...
Zenfali & Bellina... Roderic, ou le Démon marié... Néraïr & Melhoë.... Le Grenier à sel pour l'Esprit... Les Ecosseuses ou les
Œufs de Pâques.... Le Livre d'airain, Histoire Indienne... Les
Lettres de Mistris, Fanni, Butler... La Princesse de Gonzague...
La Princesse Coque-d'œuf, & le Prince Bon, bon, &c. &c.

Tous ces Meſſieurs jouoient au mieux leur rôle,
Quoique privés du don de la parole ;
Tout occupés à ſavourer les mets,
Leur ame entière habitoit leur palais :
Bientôt après, un tiſſu de merveilles,
Leur rend la voix & dreſſe leurs oreilles.
Quatre Laquais en habits ſomptueux,
Portoient en pompe un Chevreuil monſtrueux,
Que Monſeigneur fit tuer ſur ſes Terres ;
Deux plats ſuivoient, l'un couronné de thin,
Offroit le corps d'un oiſeau de Pekin ;
L'autre portoit un Aigle avec ſes ſerres,
Mortifié dans l'étui de Papin ;
D'une autre part figure une Poularde,
Près d'un Faiſan flanqué de ſix Perdrix ;
Et pour renfort eſt un Paon qui regarde
Un Baſſin d'or garni de Colibris.
Ce luxe à peine entroit dans la penſée
De nos Bardoux au jeûne accoutumés ;
La bouche ouverte & l'oreille dreſſée,
Ils contemploient tous ces mets renommés :
Craſſus bientôt redouble leur ſurpriſe,
D'une main ſûre il ouvre le Chevreuil ;
L'acier tranchant déja l'anatomiſe,
Et pour ſervir on n'attend qu'un coup d'œil ;
Mais de ſon ſein ſort une Perdrix griſe,
Dont le ſquelete avec art coloré,
Sembloit garder ſon plumage moiré,
La bonne Reine admirant l'artifice,

Serre l'oiseau de ses doigts engourdis;
Et dans l'instant sortent d'un orifice,
Grand nombre d'Œufs qui paroissent durcis :
Tout en riant la Dame sans malice
Les distribue entre ses Favoris.
De tant d'adresse on parle avec emphase ;
Mais mon Traitant qu'on ravit en extase,
Prétend que l'Œuf est aussi travesti ;
Et chaque Sot dans ce met qu'il écrase
Retrouve encor un Ortolan rôti.
A ce spectacle on voit la joie éclorre,
Et circuler sur le front des Bardus ;
Chacun croit être au Temple de Plutus ;
Et d'un Volnai que la pourpre colore,
Tous à l'envi se portent des saluts...
Ce bel exploit rend la voix aux Convives,
Nos Courtisans, du bonheur de Crassus
Font à l'envi cent peintures naïves :
» Morbleu, dit l'un, nos graves Magistrats
» Sçavent bien peu quels ressorts politiques
» De notre tems font mouvoir les Etats ;
» Si l'on en croit leurs longues Philippiques,
» Les Financiers sont des pestes publiques ;
» Mais un Prélat qu'on vit avec succès (16)
» Régler chez nous l'intérêt des Couronnes,
» Aimoit leurs Chefs, les combloit de bienfaits,
» Et les nomma les quarante Colomnes,

---

(16) C'est le Cardinal de Fleury.

G iv

» Qui font l'appui du Trône des Français ; ...
» Oui, dit Gryphos, nos Robins font fans tête,
» Et la Finance eft un état honnête,
» Qui fait briller les deux tiers de Paris ;
» Sans les Traitans aurions-nous des Laïs
» Dont nos Seigneurs tentaſſent la conquête ?
» Nos Bijoutiers vendroient-ils leurs Rubis,
» Duchapt fes nœuds, & Martin fes Vernis ?
» Et Monfeigneur aux plus grands jours de Fête,
» Mangeroit-il un plat de Colibris ? ...
» Oubliez-vous, reprend Meſſer Pancrace,
» Que les foutiens de l'Empire des Lys,
» Furent encor les appuis du Parnaſſe ?
» Des mille Auteurs, foi-difans beaux efprits,
» Que dans fon fein la Capitale enferme,
» J'en fçais neuf cens au rang de leurs amis ;
» De leurs fuccès tel eft toujours le germe :
» Auſſi voit-on nos jeunes érudits,
» Laiſſer en paix, les Rois & les Iris,
» Pour encenfer Noſſeigneurs de la Ferme.
» Chez les Traitans ils ne font point hennis ;
» Monfieur à table aime à les voir aſſis ;
» Madame auſſi les fouffre à fa toilette :
» Si l'Imprimeur refufe leurs Ecrits,
» Le Financier à grand prix les achete ;
» Et je prévois que l'emploi de Poëte,
» Vaudra dans peu le métier de Commis.

Au Plaidoyer de l'Avocat Pancrace,

Chant Huitième.

Dunskou rougit, Crassus fit la grimace;
Mais l'Assemblée applaudit par ses ris.

   Dans ce moment par l'ordre de la Reine,
On voit entrer dans un grand appareil,
Quatre Laquais qui soutenoient à peine,
L'énorme poids d'un Saumon de vermeil;
L'aspect d'un mets d'aussi grande importance,
Réunissant nos Bardoux divisés,
Fait succéder le plus profond silence,
Au chamaillis de cent contes croisés.

   Alors Barda d'un ton simple & candide:
» Je veux, dit-elle, à mon Trône stupide
» Assujettir l'Empire des François.
» Que nos amis s'escriment en projets
» Pour rendre ici ma victoire complette;
» L'Auteur qui peut avec plus de succès,
» Ourdir pour nous une trame secrette,
» De ma faveur ressentira l'effet :
» Et ce Saumon qui pendant la disette,
» Pourroit nourrir un essain de Poëte,
» Sera le prix du Plan le plus parfait.
L'appas du don flatte toute la troupe,
Et convertit les amis en Rivaux;
Pour aiguiser l'esprit des plus lourdauts,
Le vin d'Aï se verse à pleine coupe,
Et de vapeurs inonde les cerveaux.
Après dix coups du Nectar de Champagne,

Nos Candidats s'empreſſent d'éprouver,
Si l'eſprit brille en battant la campagne,
Et de concert ſe mettent à rêver.
Le vieil Baltus rompt d'abord le ſilence :
» Pour énerver parmi nous la Science,
» Je ſçais, dit-il, un ſecret ſouverain ;
» Que chaque Bourg de cette Monarchie,
» Dans ſon Marché fonde une Académie ;
» Que la fureur de ſe dire Ecrivain,
» Regne à Paris & gagne la Province ;
» Et que par-tout le bel eſprit Frétin
» Soit préſidé par l'eſprit le plus mince,
» De Beſançon à Quimpercorentin....
Le beau Balbus en ce moment s'éveille ;
Et careſſant une lèvre vermeille,
» Sandis, dit-il, ſans être Fanfaron,
» J'oſe atteſter que mon projet doit plaire,
» L'effet étant, & plus ſûr & plus prompt ;
» Veux-tu, Barda, qu'ici tout dégénère,
» Et que les Arts dorment dans ton giron ?
» Obtiens du Roi qu'il défende aux Libraires,
» De mettre au jour tout Ecrit littéraire,
» S'il n'eſt d'abord reviſé par F....
» Oh ! dit Dunskou, les Plans de mes Confreres
» A mon avis ne ſont pas ſans défaut ;
» A nos Projets ils ne ſont pas contraires,
» Mais ils n'en ſont que les Préliminaires :
» Pour l'Edifice ils prennent l'échaffaut.
» Vous déſirez d'exterminer en France,

» Le Dieu du Goût, & sa sœur la Science;
» Sur le premier portons d'abord nos coups;
» Frappons le Frere, & la Sœur est à nous :
» La flamme en main pénétrons dans son Temple,
» Et qu'à nos yeux il tombe avec fracas;
» La nuit nous guide & Barda nous contemple,
» N'en doutez point, nous vaincrons sans combats.
» Lorsque jadis le célébre Alexandre
» Mit de sa main Persepolis en cendre;
» Ainsi que nous il sortoit d'un repas ...
Il dit; soudain tous ses Rivaux frémissent,
Leur teint pâlit, leurs cheveux se hérissent;
Et de dépit vingt verres sont cassés :
Mais les Laquais en chorus applaudissent;
Des cris de joie avec force élancés,
Le mur gémit, les voûtes retentissent,
Et le Saumon à ses pieds est placé.
Alors Dunskou content de sa victoire ...
» Messieurs, dit-il, voyez moi sans courroux,
» J'ai combattu, mais c'étoit pour la gloire;
» Que le Saumon se partage entre vous ...
Soudain l'acier le brise sous ses coups;
Le lourd Gryphos emporte la machoire,
Balbus la queue, & Baltus la nageoire;
Chaque lourdaut se croit Roi du Pérou;
Et dans l'instant l'Epoux de l'Immortelle,
Pour éprouver la grandeur de leur zéle,
Marche avec eux dans le Temple du Goût.

CHANT NEUVIÉME.
L'INCENDIE
DU TEMPLE DU GOUT.

ARGUMENT.

Dédicace à l'Académie Françoise. Description du Temple du Goût. Son incendie. Ouvrages dérobés aux flammes par ordre de Barda. Trophée érigé en son honneur.

A MESSIEURS
DE L'ACADÉMIE FRANÇOISE.

Fameux soutiens du Parnasse François,
Vous ranimez ma Minerve glacée :
Bravant Zoïle & méprisant ses traits,
J'ose imiter l'Auteur de l'Odiffée ;
Si vous daignez sourire à mes portraits,
Je vais chanter une Trame insensée,
Qu'ourdit Barda, près de votre Lycée.
Que mon Tableau peint de vives couleurs,
Ne porte point l'allarme dans vos cœurs :
Avec plaisir l'Europe vous contemple ;
En tout les tems vous serez son exemple.
En vain les Sots, leur Reine & leur Hector,

Du Dieu du Goût renverferent le Temple;
Sans doute il vit; car vous vivez encor.
Si des effains de Guêpes littéraires,
Vont en public décrier vos myftéres;
C'eft qu'ils n'ont pu s'y faire initier;
C'eft que le Goût ne fçauroit allier,
L'Ours & le Paon, le Frêlon & l'Abeille;
Placer Dulard à côté de Corneille,
Et d'Alembert dans le rang de Boudier (1).
Fuyez toujours ce ftupide mélange;
Que craignez-vous de tant de vils Rivaux?
De leurs mépris, leur foibleffe vous venge;
Quand vous volez, ils rampent dans la fange.
Mais voulez-vous défendre vos travaux,
Du fiel amer des plaintes anonymes?
Rendez enfin vos Ecrits moins fublimes;
Aux yeux du Peuple ils feront fans défauts.

CHANT NEUVIEME.

Dans ce Palais conftruit pour nos Monarques,
Que Louis cède aux Artiftes divers;
Près du Sallon où quarante Ariftarques
Jugent du prix de la Profe ou des Vers;
Et de la Langue attaquent les travers,

---

(1) Boudier, Auteur du Siécle de Louis XIV, qui n'eut d'autre titre pour l'immortalité que fon impiété & fon Cynifme. Voici fon Epitaphe qu'il fit lui-même au lit de la mort:

J'étois Poëte, Hiftorien;
Et maintenant je ne fuis rien.

La préparant par de sages remarques,
A devenir celle de l'Univers ;
Loin des clameurs d'un Vulgaire imbécille,
Le Dieu du Goût fixa son domicile,
Aux premiers jours du Siécle de Colbert :
Le Dieu charmant, qu'en ce Temple on révere,
Pour prévenir le plus léger défaut,
En fut long-tems l'Architecte ordinaire,
Et dessina son propre Sanctuaire,
Bientôt après travaillé par Perraut.
Sa voûte immense est divisée en ceintres,
Où le Pinceau traça l'azur des Cieux :
Le coloris y fascine les yeux ;
Et plusieurs fois les plus célébres Peintres,
Prirent ce Ciel pour le séjour des Dieux.

Le Goût n'eut point le Moine pour émule,
Quand ce Rubens fit le Sallon d'Hercule (2) ;
Mais dans son Temple un jour l'ayant reçu,
» Prens, lui dit-il, ce Plan que j'ai conçu ;
» Sois Créateur en suivant ton modèle...
» Mais des François tu ne feras l'Apelle,
» Qu'en éprouvant les atteintes du sort :

___

(2) Le Moine est ce Peintre célébre qui a peint le grand Sallon, qui est à l'entrée des Appartemens de Versailles, & qui représente l'Apothéose d'Hercule. Il fut poursuivi par l'envie, & dechiré par la calomnie ; c'est l'apanage ordinaire des grands hommes... Mais ce qui le distingue d'eux, c'est qu'il ne put soutenir la vûe de ses malheurs ; & que dans son désespoir il se perça lui-même de son épée.

» Cours sans frémir à la gloire immortelle,
» Quand tu devrois l'acheter par ta mort...

Au lieu de murs régne un long peryſtile ;
Chaque colomne eſt d'un ordre nouveau ;
Et de la baſe au haut du chapiteau
Semble un Palmier dont la tige docile
S'ouvre en tout ſens & figure un berceau.
L'Autel du Dieu conſtruit en porcelaine,
Jette un éclat que l'œil ſoutient à peine :
Là le Rubis ſagement coloré,
Darde les feux de ſa face ondoyante ;
Et la Topaſe ouvre ſon ſein moiré :
A leurs côtés l'Améthiſte élégante,
Sillonne l'air de ſes regards pourprés ;
L'Onyx produit ſa robe tranſparente,
Et le Saphir ſes rayons azurés ;
Ces ornemens que trop ſouvent l'on ſeme,
Sans conſulter la nature & le goût,
Là ſont placés avec un art exrrême :
Chaque partie élégante elle-même,
Releve encor l'élégance du tout.

Pour le Génie adoré dans ce Temple,
Qui tenteroit d'en colorer les traits ?
L'ame le ſent & l'eſprit le contemple ;
Mais l'œil humain ne l'apperçut jamais ;
Tel un parfum, né ſur la Rive Maure,
Des feux du jour & des pleurs de l'Aurore;

La douce essence embaume le chemin ;
Le Voyageur sur la terre noircie,
Cherche long-tems cette odeur d'ambroisie ;
Elle est par-tout, & l'œil la cherche en vain.

Au Vestibule on apperçoit la Gloire,
Offrant toujours un visage serain ;
A ses côtés la Muse de l'Histoire,
Qui pour lui plaire aiguise son burin,
De quatre Auteurs consacre la mémoire,
En inscrivant leurs Livres sur l'airain.

On voit d'abord parmi ces esprits vastes,
Cet Hérodote Ecrivain accompli,
Qui le premier chez un Peuple poli,
Sut débrouiller le chaos de ses fastes ;
Historien bassement avili
Par un essain d'aveugles Scholiastes,
Mais que le goût a tiré de l'oubli :
Non loin de-là le Héros de Padoue,
De ses Ecrits faciles & corrects,
Raye avec soin plusieurs contes suspects ;
Et son Rival en l'embrassant, avoue
Qu'il posséda l'atticisme des Grecs.
Au-dessus d'eux est ce Peintre sublime
Qui crayonna les vertus des Germains ;
Auteur profond, Citoyen magnanime,
Lorsqu'asservie à l'Empire du crime,
Rome en son sein n'ayoit plus de Romains ;

Et

CHANT NEUVIÈME.

Et le seul Sage au sein de tant d'Esclaves,
Qui s'efforça de briser les entraves
Dont trois Nerons accabloient les Humains (3).

Fameux de Thou, dans le rang de ces Sages,
Je t'apperçois effaçant de tes pleurs
Tes longs Tableaux de nos anciens malheurs;
Et sur l'airain on grave tes Ouvrages
Depuis long-tems gravés dans tous nos cœurs.
Cette Patrie ardente à te défendre,
Ne fait encor qu'un reproche à ta cendre ;
Pourquoi chanter sur des tons étrangers,
Nos maux passés & nos futurs dangers ?
Reprochois-tu le défaut d'harmonie
A ce François rude à bien des égards ;
Mais qui plié par l'homme de génie,
Fait oublier la Langue des Césars (4).

Vers le milieu de l'auguste Edifice,
On apperçoit ces Orateurs adroits,
Maîtres des cœurs du Vulgaire & des Rois,
Qu'on vit tantôt encenser leur caprice,
Tantôt oser les ranger sous leurs Loix.

---

(3) Tacite écrivit en Républicain, lorsque la République ne subsistoit plus... Les trois Nerons dont il s'agit ici, sont Tibere, Caligula & Neron.

(4) On sçait que M. de Thou, par une timidité mal entendue, ne composa son Histoire qu'en Latin.

On voit d'abord dans la Troupe immortelle,
Cet Orateur sans Maître & sans Rivaux,
Qui sur Philippe & le vainqueur d'Arbelle,
De l'éloquence arma tous les carreaux;
Ce Grec altier, ce fougueux Demosthène,
Qui trop long-tems le bouclier d'Athène,
Mit en mourant sa Patrie au tombeau.

A ses côtés est placé ce grand homme
Qui foudroya Marc-Antoine & Verres,
Sçut gouverner, écrire avec succès,
Et fut l'Oracle & le Sauveur de Rome :
De Ciceron, d'Aguesseau suit les pas ;
Il tient en main ces harangues célébres,
Qui sauveront de la nuit des ténébres,
Le nom d'un Chef si cher aux Magistrats,
Et les compare à son Discours funébre,
Sublime fruit du loisir de Thomas.

Deux beaux esprits suivent aussi ses traces ;
C'est ce Fléchier, le Favori des Graces,
Et Bossuet, l'aigle des Orateurs ;
Tous deux louant sans être Adulateurs,
Le Citoyen & les Dieux de la Guerre ;
Mais l'un se joue en lançant le tonnerre,
L'autre à ses pieds se joue avec des fleurs.

Le Dieu du Goût, le long du Peristile,
Donne encor rang à d'autres Favoris,

CHANT NEUVIÉME. 115

Qui doivent tous à sa Critique utile,
Ce tact léger, & ces graces de style,
Que le Public admire en leurs Ecrits.
La Sympathie assemble en même groupe,
Senèque & Pline, Erasme & Julien (5);
Et réunis par le même lien,
A quelques pas de l'immortelle Troupe,
On voit jouer Paschal & Lucien.
Un peu plus loin la Motte & Fontenelle,
Entre leurs bras se serrent tendrement;
Tous deux formés sur le même modèle,
Et dominant dans le même élément (6);
Tous deux jouets de la Métromanie,
Rimans, loués, honnis de compagnie;
Sçachant couvrir des fleurs de l'agrément,

---

(5) Cet Empereur trop dechiré dans un tems, & trop loué dans un autre, a été peint enfin avec les couleurs qui lui conviennent, par M. de la Bletterie. . . . Ce Prince est Auteur de l'ingénieuse Satyre des Césars.

(6) N'oublions jamais que Fontenelle a fait les Mondes, l'Histoire de l'Académie, celle des Oracles, Thétis & Pélée; & que la Motte a fait Inès de Castro, un certain nombre d'Odes & de Fables, qu'on lit encore après Rousseau & la Fontaine, & quelques bons Opéras, [en supposant qu'il puisse y en avoir de bons. . . .] Mais pourquoi ces hommes qui étoient faits pour être nos modèles, ont-ils, par l'afféterie de leur style, étouffé la nature à force d'art, & le génie à force d'esprit? Pourquoi n'ont-ils travaillé ordinairement que pour leur siécle, pouvant travailler pour la postérité? ... Je ne suis cependant point l'Apologiste d'un Saint-Mard qui critique leur style avec un style plus affecté encore : qui leur reproche d'être les fléaux de la Littérature, sans avouer en même-tems qu'ils en furent l'honneur; & qui ne renverse leurs Autels, que pour y substituer les siens.

H ij

L'obscur jargon de la Philosophie ;
Maîtres dans l'Art de la plaisantetie,
Encore plus dans l'Art du compliment ;
Par le bon ton suppléant au génie,
Et mariant à force d'industrie,
L'esprit au goût, & l'art au sentiment.
Le Dieu du Goût, choqué de leur parure,
Les premiers jours sembla les négliger ;
Il se plaignoit dans sa juste censure,
Qu'on altérât par un fard étranger,
Le coloris de la simple nature :
Mais sans appel jugea-t-il le Procès ?
Oh ! point du tout, il se laissa séduire
Par deux Ecrits que lui-même il admire ;
Et près de lui leur donna libre accès ;
Car de son Temple il n'eut ofé proscrire
Le double Auteur des Mondes & d'Inès...

J'y vois aussi ton ombre bienfaitrice,
Toi, qui créas le sage Esprit des Loix ;
Et que le Ciel semble avec injustice,
Avoir privé de la Pourpre des Rois.
Le Dieu du Goût fut sans cesse ton guide ;
Il te mena dans le Temple de Gnide,
Et parmi nous fit voyager Usbek.
Dans tes Ecrits libre & peu circonspect,
Contre le Ciel, Rival d'Aristophane,
Tu fis tomber ta Critique profane ;
J'en fais l'aveu : peut-il être suspect ?

Mais en pleurant fur ta chûte profonde,
J'ofe en mes vers admirer ton effor;
Juge des Rois, Légiflateur du monde,
En l'égarant, tu l'éclaires encor.

Loin des jaloux, du bruit & des ténébres,
Eſt le quartier des Poëtes célébres ;
La Lyre en main & l'Eſprit dans les Cieux ;
Horace y fuit l'impétueux Pindare,
Avec Ovide, Anacréon s'égare,
En célébrant fes plaifirs & fes feux :
Près d'eux Pilpai s'inſtruit avec Efope ;
Un Polignac raifonne avec un Pope ;
Une Sappho chante avec un Chaulieu.

A leurs côtés on voit auffi paroître
Ce la Fontaine, Auteur fans croire l'être ;
Toujours charmant dans fon ſtyle inégal,
De la Nature, & Portrait & Rival,
Simple comme elle, & non moins grand peut-être.

Le Dieu du Goût choifit le grand Rouffeau,
Pour préfider ces hommes de génie :
Notre Pindare ému d'un prix fi beau,
Voit fans effroi les ferpens de l'Envie,
Verfer leurs flots à longs traits fur fa vie,
Noircir fes mœurs & fouiller fon tombeau.
Dans ce féjour il embraffe avec zèle,
Ce Defpréaux qu'il nomme fon modèle,

Quoiqu'en génie il l'efface souvent ;
Poëte exact, fin moqueur, bon plaisant,
De la Nature interprète fidéle,
Et qui sçavoit, même de son vivant,
Jouir en paix de sa gloire immortelle.

Le Sanctuaire, asyle des neuf Sœurs,
Offre en son sein ces fameux Dramatiques,
Qu'on vit tantôt, ingénieux Censeurs,
Plaire à l'esprit en réformant les mœurs ;
Tantôt chauffant le cothurne tragique,
Intéresser à des malheurs antiques,
Dechirer l'ame ou séduire les cœurs.

Eschyle ici relit ces Euménides,
Que dans Athène il fit représenter ;
Drame sanglant fait pour épouvanter,
Qui fit périr des Spectateurs timides,
Et contraignit des meres d'avorter (7).
Là, Crebillon d'une trame funeste
Fait retentir la Scène de Paris ;
La trahison, l'adultère & l'inceste,
En traits de feu sont peints dans ses récits ;
Chacun frémit, & croit avec Thyeste,
La coupe en main, boire le sang d'un fils.

---

(7) Eschyle se servit dans toutes ses Piéces, de ce tragique véhément & terrible, dont Atrée & Thyeste nous a donné quelqu'idée, mais que nous n'adopterons jamais, grace à nos mœurs énervées.

Sophocle ailleurs, & l'aîné des Corneilles,
Tiennent féance avec Shakefpéar;
Et tour-à-tour enchantant leurs oreilles,
Portent au Ciel ces beaux fruits de leurs veilles,
Œdipe, Hamlet, Rodogune & Céfar (8).
Tant de fuccès leur femblent légitimes;
En tous les tems ces Efprits créateurs,
A ces Héros qu'ils prirent pour Acteurs,
Firent paffer ces fentimens fublimes,
Dont la Nature avoit rempli leurs cœurs.

Racine ailleurs & le tendre Euripide
Font parler Phédre, Andromaque, Atalide,
Et charment même en arrachant des pleurs (9);

---

(8) Œdipe eft le chef-d'œuvre de Sophocle; & Rodogune, celui du grand Corneille... Hamlet & Céfar font ceux de Shakefpéar; ces deux Piéces traduites, imitées, commentées, élaguées, nous ont toujours paru des chef-d'œuvres d'abfurdité... Cependant on ne fçauroit fans injuftice mettre Shakefpéar au niveau de Pradon: nous ne fommes pas tout-à-fait Juges compétens dans ce Procès, parce que les Anglois font nos Rivaux; de plus, fe peut-il faire qu'un Peuple qui a produit un Milton, un Congreve, un Addiffon, un Pope, un Swift, &c. s'obftine fans raifon à trouver du goût à un Auteur qui en eft totalement dépourvû?

(9) Ce Siécle ne tarit point en parallèles entre les Dramatiques Grecs & les Dramatiques François; entre Sophocle & Euripide, & Corneille & Racine; enfuite entre Sophocle & Corneille, Racine & Euripide... mais chaque grand maître a fa façon; & fouvent la maniére de l'un n'a aucune relation avec celle de l'autre: il y a peut-être moins de comparaifon à faire entre les Eumenides d'Efchyle & la Berénice de Racine, qu'entre un tableau d'Apelle & une Cantate de Clairambaut... Si l'on me demandoit

Et ce Quinaut noirci par la Satyre,
Pour avoir joint le Cothurne & la Lyre,
Malgré Boileau marche avant ses Censeurs.
D'une autre part l'altier Aristophane,
A ses côtés voit Terence & Regnard :
Ce Grec, jadis, plein d'un courroux profane,
Au cœur d'un Sage enfonça le poignard,
Et prépara la coupe de cigue
Qui fit périr le plus grand des Mortels :
Mais il frémit de ses succès cruels ;
Entre ses bras il presse sa Statue,
Et dans son cœur Socrate a des Autels.

Au-dessus d'eux l'Auteur du Misantrope
Peint nos travers avec naïveté :
L'esprit humain que son art dévelope,
De ses Portraits reconnoît l'équité ;
Il imita les grands Maîtres d'Europe,
Et ne sçauroit lui-même être imité.

Du poste où sont les Auteurs dramatiques,
On entre au rang des Poëtes épiques ;

---

mon sentiment sur Sophocle, Corneille, Shakespéar, Euripide, Racine & Otwai ; je répondrois, ils sont tous des grands hommes : mais si la Nature voulant faire de moi un Tragique parfait, me donnoit le choix entre les talens de ces hommes de génie ; je lui dirois... O, ma mere ! remplis mon cœur des sentimens sublimes qui échauffoient le grand Corneille ; prêtes-moi la plume de Racine pour écrire ma Tragédie ; & fais représenter ma Piéce sur le Théâtre d'Athène.

CHANT NEUVIÈME.

Cinq pieds-d'eſtaux diſpoſés avec art,
Du Spectateur captivent le regard.
Sur le premier préſide cet Homère,
Qui ſans naiſſance & ſans ſecours vulgaire,
Dût à lui ſeul ſon nom & ſes talens.
D'abord dans l'ombre il s'avance à pas lents;
Fuyant enſuite une gloire éphémère,
Dont les rayons s'éclipſent en naiſſant,
Dans la carrière il s'élance en géant :
Tous ſes élans deviennent magnanimes;
Tous ſes ſuccès deviennent légitimes;
Le Tems enfin lui prête ſon appui,
Couvre ſon front de ſes rides ſublimes,
Et ſçait le rendre éternel comme lui.

Sur l'autre baſe eſt le ſage Virgile,
Peintre correct, Poëte induſtrieux,
Qui ſur les tons les plus mélodieux,
Fit réſonner ſa trompette docile.
Du Chantre Grec, malgré ſes envieux,
Il ne fut point l'imitateur ſervile;
Les deux Rivaux ſont égaux à mes yeux :
Si le premier en grands traits plus fertile
De ma raiſon étonne la hauteur;
L'autre à ſon tour plus tendre & plus facile,
Tantôt m'émeut par les graces du ſtyle,
Et par ſon Art tantôt ſéduit mon cœur.
L'ami d'Horace, en Poëte inhabile,
Eût peint Patrocle, Hector & Sarpédon :

Peut-être auſſi le grand Peintre d'Achille,
Auroit manqué le tableau de Didon.

A ſes côtés Virgile voit le Taſſe,
Auteur charmant méconnu par Boileau ;
Qui ſçut au ciel planer avec audace,
De l'avenir déchirer le rideau,
Et variant les traits de ſon Tableau,
Toujours guidé par la mere des Graces,
A Cupidon arracher ſon bandeau.
Il imita l'Auteur de l'Enéïde,
Et prit encor Homère pour ſon guide ;
Mais ſecouant une crainte timide,
S'il les admire il vole encor plus haut ;
Il n'appartient qu'au Vulgaire ſtupide,
De ſuppoſer les Anciens ſans défaut ;
L'homme de goût que la raiſon décide,
Après Didon eſt épris pour Armide,
Après Achille admire encor Renaud.

L'Homère Anglois occupe une autre place :
C'eſt ce Rival de Virgile & du Taſſe,
Qui dédaignant Mars, Pallas & Pluton,
Du ciel Chrétien fit un autre Parnaſſe,
Et de Moïſe un nouvel Apollon ;
Il tient en main cet Ouvrage énergique,
Plus étonnant que le Chaos qu'il peint,
Plus varié que ſon Ciel Poëtique,
Et plus riant que ſa Plaine d'Eden ;

Dans son espèce Ecrit vraiment unique,
Qu'on n'ose encor nommer Poëme épique,
Mais qui s'appelle un Poëme divin (10).

Depuis long-tems le dernier Trône est vuide :
On le destine au Chantre de Henri,
Du Dieu du Goût éternel Favori....
O toi, Génie élégant & rapide,
Que mes ayeux ont vu dans ton printems,
Leur tenir lieu d'Homère & d'Euripide,
Et que je vois dans l'hyver de tes ans,
Créer encor, & Tancrede & Candide;
Sois le Nestor des grands hommes vivans;
Laisses jouir du fruit de leurs talens,
Milton, Sophocle & le Chantre d'Armide,
Et ne vas pas les joindre de long-tems !

Tel est ce Temple en butte à la Satyre,
Où le Goût rend ses oracles divers :
S'il m'a fallu six mois pour le construire,
Je n'employerai qu'un jour à le détruire;
Puisse ce Dieu renaître dans mes Vers !

Au haut du Ciel la triste Canicule
Dardoit au loin ses rayons embrâsés,
Tenoit captifs tous les vents alisés,

---

(10) Du moins tel est le jugement qu'en portent Addisson, Thompson, Pope, & d'autres grands hommes.

Et répandoit un brouillard ridicule
Dans les cerveaux les mieux organifés :
La Nuit, des airs par fon char divifés,
Avoit banni le dernier crépufcule ;
Le Roffignol faifoit place aux Hiboux :
Et dans fon lit maint Poëte crédule,
Briguant en vain le myrthe de Catulle,
Ne fe fentoit couronné que de houx ;
Quand éloignant de frivoles fcrupules,
Dame Barda, Monfeigneur fon Epoux,
Et l'Efcadron de nos Sots noctambules,
Mirent le feu dans le Temple du Goût.

Le Dieu plaça la Critique à l'entrée,
Pour fe cacher aux profanes regards ;
Mais des Bardoux la Troupe conjurée,
Rompit la Porte à fes armes livrée,
Et dans le Temple entra de toutes parts.
Barda chargea la Critique de chaînes ;
Et pour remplir fon pofte avec honneur,
Elle choifit la Satyre, fa fœur ;
Pour reconnoître un bienfait fi flatteur,
Notre Alecton prend l'air de Desfontaines :
Elle pourra fous ce mafque trompeur,
Impunément dévouée à la Reine,
Flatter fa rage & fervir fes fureurs.
Dans un inftant la cohorte ftupide
Du Sanctuaire inonde le Parvis ;
L'air plufieurs fois retentit de leurs cris,

CHANT NEUVIÉME.

Et cent faisceaux d'une flamme livide,
En tourbillons parcourent les lambris...
Autour des murs la flamme se déploie,
Le fameux Louvre est l'image de Troie ;
Le feu vainqueur dévore mille Ecrits ;
Et cent Héros qui deviennent sa proie,
Sont écrasés sous leurs propres débris.

Mais l'Immortelle, à son obéissance
Voyant enfin tout le Temple soumis,
Sent dans son cœur expirer sa vengeance ;
Sa main peu faite à de si grands forfaits,
De l'incendie arrête les progrès.
» J'ai fait, dit-elle, éclater ma puissance ;
» Que les vaincus éprouvent ma clémence ;
» A l'ennemi je présente la Paix :
» Pour prévenir toutefois ses manœuvres,
» Et cimenter notre ligue à jamais ;
» O mes enfans, brûlez tous ses Chef-d'œuvres,
» Mais épargnez ses Ecrits imparfaits.
La Reine dit : & la flamme s'arrête...
Tel un Héros au fort de sa conquête,
Las de cueillir de funestes lauriers,
Laisse à l'écart reposer son tonnerre ;
Maudit les camps, rend la paix à la terre,
Et le repos à ses braves Guerriers....
Vulcain se voit arracher ses dépouilles....
Virgile au feu dérobe son Céiris,
Le Chantre Grec son combat de Grenouilles,

Milton sa Prose & son Ciel reconquis (11).
Corneille ailleurs rend la vie à Clitandre ;
L'Auteur de Phédre est sauveur d'Alexandre,
Et Crébillon ne voit point mettre en cendre,
Certain Xerxes encore plus obscur ;
Quinaut recouvre un Opéra maussade ,
Le grand Rousseau l'absurde Moïsade ,
Pope un Bouquet, la Motte une Iliade ;
Et Despréaux une Ode sur Namur.

Le Temple ainsi ne vit point ses merveilles
Toutes en proie au triste embrâsement :
Chaque Génie eut au moins un fragment ;
Et s'il perdit les enfans de ses veilles ,
Il conserva ceux qu'il fit en dormant (12).

---

(11) Le Paradis reconquis étoit digne de survivre à l'incendie du Temple de Goût, cependant Milton le préféroit à son Paradis perdu ; comme Homère préféroit l'Odyssée à l'Iliade... Je pense avoir trouvé le premier le motif de cette absurde préférence. Ces deux grands hommes, par une foiblesse naturelle à l'humanité, regardoient d'un œil paternel toutes leurs productions, de quelque nature qu'elles fussent ; ils feignoient donc de rabaisser l'Iliade & le Paradis perdu , bien persuadés qu'ils n'en imposeroient pas au Public , & que la postérité en dépit d'eux les regarderoit comme des chefs-d'œuvres de l'esprit humain : il n'en étoit pas de même de l'Odissée & du Paradis reconquis : aussi s'empresserent-ils de les relever au-dessus de leur mérite , afin qu'on pût du moins opposer leur autorité à celle de toutes les nations.

(12) Car, comme le dit très-judicieusement Horace:

Quandoque bonus dormitat Homerus.

Dame Barda dit alors hautement :
» Vit-on jamais de clémence pareille ?
» Tous les Journaux m'en feront compliment.
Et nos Bardoux en dreſſant leurs oreilles,
A ſes côtés diſent iugenûment :
» Enfin le guêpe a ſauvé les abeilles ;
» Sous ces lambris qu'on dreſſe un Monument,
» En lettres d'or nous mettrons pour deviſe :
» Vive le Goût, et vive la Sottise.

CHANT DIXIÉME.

LE SOMMEIL.

ARGUMENT.

Apothéose des principaux Stupides qui ont mis le feu au Temple du Goût. Les Demi-Dieux Rêveurs se disperfent dans le Temple embrâsé, & couronnent de différentes façons les Héros endormis. Sommeil des Epoux, suivi de celui de la Nature.

Les Favoris de la Reine des Sots
Avoient éteint leurs fatales lanternes ;
Et ces Bardoux Eroftrates modernes,
Voyant enfin la fin de leurs travaux,
Goûtoient en paix les douceurs du repos :
Lorfque Barda de ces Sots fubalternes,
Dans un inftant fit autant de Héros ;
» Mes fils, dit elle, ont fervi ma vengeance ;
» Pour reconnoître un fervice fi grand,
» Faifons pour eux éclater ma puiffance...
» Divin Morphée, enchaînes cette engeance
» Par la vertu d'un double Talifman ;
» Rêves trompeurs, dans la nuit du filence,

» De

» De leur bonheur conſtruiſez le Roman ;
» Faites nager Irus dans l'opulence ;
» Que Ralph devienne un joli Courtiſan,
» Et Papillon un Phénix en Science ;
» Tous de concert dès leurs plus jeunes ans,
» M'ont conſacré leur plume & leurs talens ;
» Mais cette nuit ſera leur récompenſe.
» De mes faveurs qu'on ne ſoit point ſurpris ;
» Si les plaiſirs que peut produire un ſonge
» Sont appuyés ſur l'aile du Menſonge,
» Aux yeux du Sage en ont-ils moins de prix ?
» L'Opinion eſt Reine des Eſprits ;
» L'Acteur François qui trois fois par ſemaine
» Fait des ſermens pour une fauſſe Hélène,
» Souvent ſe croit plus heureux que Paris ;
» Et l'inſenſé qui ſe crut Roi d'Athène,
» Le fut autant que Cyrus & Louis.
Sur ce projet, la Déeſſe à ſyſtême,
S'entretenoit encor avec ſoi-même ;
Quand précédé d'un cercle de vapeurs,
Et déſertant le Parc de la Sottiſe,
On voit entrer dans la nouvelle Egliſe,
Un bataillon de Demi-Dieux Rêveurs ;
Comme leur corps ſubtil par ſa nature,
Ne fut formé que d'un air condenſé,
Et ſans périr peut être diviſé,
Ce Peuple-Dieu, ſuivant la conjoncture
Prend d'un Marquis le teint adoniſé,
L'air d'un Pédant gonflé ſous ſa fourrure,

I

Ou le ton fier d'un Auteur empesé.

Bientôt au gré de son esprit rusé,
De chaque esprit composant la figure,
Barda bénit ce Peuple déguisé;
Et leur prescrit de choisir pour monture,
Tous ces Héros épais de fourniture,
Qui sommeilloient dans le Temple embrasé.

Le lourd Baltus, moderne Juste-Lipse
Dormoit alors aux pieds de Bossuet,
Tenant en main certaine Apocalypse,
Que ce grand homme autrefois commentoit,
Quand son esprit subissoit quelqu'éclipse (1);
Un des Esprits prend les traits de Ramus,

---

(1) Cet Ouvrage de Bossuet qui a échappé à l'incendie, est un Commentaire sur l'Apocalypse, en un Vol. in 8°... On peut juger de quelques-unes des rêveries qui sont répandues dans cet Ouvrage par celle-ci; L'Auteur s'est figuré que l'Antechrist annoncé par saint Jean, n'est autre que Dioclétien. Après avoir forcé le sens de tous les passages de l'Evangéliste, pour les rapporter à cet Empereur qui fut le plus pacifique de tous ses Colléques, quoi qu'en dise le Vulgaire des Auteurs à préjugé; il en vient à un texte de l'Apôtre où il donne pour principal caractère à l'Antechrist, qu'il aura le nombre de six cent soixante-six.... Cet Enigme n'embarrasse point notre Commentateur.... Dioclétien, dit-il, s'appelloit Diocles avant sa promotion à l'Empire; ajoûtez-y le mot d'Augustus, & prenez dans ces deux mots arrangés ainsi, DIOCLES AVGVSTVS, toutes les Lettres qui sont en même tems des chiffres Romains, vous y trouverez ce nombre sacré de 666.... Il est à remarquer pour la consolation du Vulgaire, que deux grands hommes ont voulu interpréter l'Apocalypse; c'est Bossuet & Newton.

Charge son dos de son ample simare,
Met son bonnet à quatre angles aigus,
Et sans trouver l'accoutrement bizarre,
Tient ce discours au stupide Baltus.

» Fameux Bardou l'appui du Pédantisme,
» Puisque Thémis au plus juste Ostracisme,
» Condamne Ignace & ses enfans bénis ;
» Va remplacer mes anciens Favoris :
» Gouvernes tout avec leur despotisme ;
» Et que ton nom fatal à l'Atticisme,
» Vole dans peu de Quimper à Paris ;
» Dans une ville assez célébre en France,
» Tu deviendras Professeur d'éloquence :
» Il faut alors par de nombreux exploits
» Justifier l'équité de mon choix....
» Je crois te voir élevé sur ton siége,
» Prince absolu, quatre heures chaque jour,
» Et plus content au sein de ton Collége,
» Que Frédéric au milieu de sa Cour,
» Louer, blâmer, battre avec privilége,
» Parler, sourire & dormir tour-à-tour.
» Que ma méthode à Paris décriée,
» Ne cesse point de régler les travaux
» De la jeunesse à tes soins confiée....
» Elle est ancienne ; elle est donc sans défauts (2).

―――――――――――――――――

(2) Depuis un certain nombre d'années, tout le monde parle d'éducation ; chacun propose son plan de réforme ; & le dernier Grimaud de Collége se flatte d'éclairer sur ce sujet le Gouverne-

» Que les enfans placés sous ta tutelle,
» Laissant rouiller leur langue maternelle,
» Sçachent à fond comme on parle à Lemnos.
» Charges l'esprit d'une pénible entrave;
» Tiens-le captif dans l'enceinte des mots;
» Et que ce Grand, dont tu fais ton Héros,
» Parce qu'il fut près d'onze ans ton esclave,
» Pere à son tour, n'engendre que des Sots.
» Laisses Rollin badiner comme Horace,
» Et disserter sur le ton de Longin;
» Laisses le Beau (3) comparer avec grace,

---

ment. Tous les Projets sont magnifiques : les uns feront de leurs disciples au berceau des Platons & des Xénocrates; les autres après quatre ans d'étude en feront des Pics de la Mirandole. Tous les Sculpteurs sont prêts ; que la Patrie leur confie son marbre le plus précieux, & le ciseau des Maîtres va opérer les plus brillantes métamorphoses.... Oui, la Réforme est nécessaire. Ce principe est démontré : mais par où faut-il commencer ? Voilà le premier objet à examiner... Un Cardinal au Concile de Trente proposa la réforme du Clergé ; la proposition est sensée, dit l'Archevêque de Brague, mais pour la rendre solide, il faut commencer par réformer nos très-illustrissimes Cardinaux... Voilà, je crois, la solution de notre problême. De bonne foi, pense-t-on pouvoir réformer solidement l'éducation de la jeunesse, tant que le Siécle ne se réformera pas lui-même ? Comment le Collége deviendra-t-il le Sanctuaire de la vertu, puisque la maison paternelle est l'Ecole vivante du libertinage, & que les enfans y apprennent le mal, avant de pouvoir le faire ? Comment donnera-t-on du goût à la jeunesse, puisque ce Siécle l'a presque anéanti ? Comment lui donnera-t-on des mœurs, puisque... ? On opposera sans doute des Philippiques à mes raisons ; mille Adversaires s'éleveront contre moi.... Je suis trop bon Citoyen pour ne pas désirer d'avoir tort sur cette matiére.

(3) Professeur célébre de l'Université.

CHANT DIXIÈME. 133

» Ovide & Pope, Homère avec le Tasse,
» Et Juvenal au Chantre du Lutrin ;
» Ces érudits de l'Empire latin,
» Peuvent briller au haut de leur Parnasse :
» Pour toi nourri d'un lait plus vigoureux,
» Dans le réduit d'un Cabinet poudreux,
» Jugeant Calot plus utile qu'Apelle,
» Et surchargeant ta mémoire rébelle,
» De Vers d'Owen (4), de Textes d'Aulugelle,
» Ou de Traités encor plus ténébreux ;
» Appésanti ta jeunesse fidéle,
» Sous le fardeau d'un travail ennuyeux :
» Ne souffres point qu'une jeune cervelle,
» De tems en tems d'un goût judicieux,
» Fasse éclater la plus foible étincelle ;
» De ton sçavoir toujours volumineux,
» Répands par-tout la semence mortelle ;
» Que mille enfans te prennent pour modèle ;
» Forme leurs goûts, éternise leur zèle,
» Lis, parle, instruis : mais en baillant comme eux.
» Sur-tout du Corps établi par Berulle,
» Fronde avec soin le systême insensé :
» Ses Professeurs veillent avec scrupule,
» Pour qu'un Elève entre leurs mains placé
» Soit de bonne heure en tout genre exercé ;

---

(4) Auteur d'un Volume d'Epigrammes ; les Anglois le nomment leur Martial, avec encore moins de raison qu'ils ne nomment Shakespéar leur Corneille.

I iij

» Ils ont des mœurs... Bon Dieu ! quel ridicule !
» Parbleu, je crois qu'en ce Siécle incrédule,
» Avec ce meuble on eſt fort avancé :
» Ils ont du goût... Pour Dieu fort bien penſé ;
» Devons-nous vivre avec l'ancien Catulle ?
» Et penſons-nous pour le Siécle paſſé ?...
» Mais, dira-t-on, en adoptant leurs régles,
» Nos fils formés au ſortir du berceau,
» Ont des talens, figurent au Barreau,
» Sçavent leur monde, & par-tout ſont des aigles.
» Mais quand les ſoins de nos ſacrés Bardoux
» Convertiroient la jeuneſſe en hiboux,
» Les Citoyens le verroient ſans rancune ;
» Depuis long-tems tout le monde eſt jaloux
» De conſerver un air Topinamboux ;
» C'eſt le chemin qui mène à la fortune....
» Tel eſt un roc panché ſur un ravin,
» Que les glaçons détachent du Caucaſe ;
» Dans la vallée il s'écroule ſoudain,
» Précéde encor les cèdres qu'il écraſe,
» Et ſon poids l'aide à faire ſon chemin.

Ainſi parla le Génie en ſimare ;
Enſuite au ſon d'une abſurde fanfare,
Il met Baltus ſur un Trône bizarre,
Et des Pédans le nomme Souverain.
Le front blaſé du Prince ſomnanbule,
Eſt couronné de guirlandes de houx :
Il tient pour Sceptre une lourde Férule,

Et cent Grimauds qui sont à ses genoux,
Chantent en chœur & d'un ton ridicule,
» Vive à jamais le Régent des Bardoux.

Pendant qu'un rêve à l'abri de la glose,
D'un noir Pédant faisoit l'Apothéose ;
Messer Gildon, l'Euripide du jour,
Dormoit ailleurs appuyé sur Macate,
Drame construit dans le goût de la Cour,
Quoique sifflé par un peuple Sarmate (5).
Un Dieu rêveur à l'air fade, au ton faux,
En minaudant vient lui dire à l'oreille :
» De l'Hélicon tu vois en moi l'abeille :
» Du bel esprit comme des goûts nouveaux,
» Je tins long-tems les Etats généraux ;
» Dans mon Caffé, je frondois les Corneilles :
» Et le Théâtre enrichi de mes veilles,
» Ne vit en moi que de jolis défauts :
» Je composai des Romans peu moraux ;
» Auteurs, beau sexe, Artisans de Journaux,
» Tous m'ont nommé la petite Merveille...
» Aussi je suis Carlet de Marivaux (6).

---

(5) Macate, mauvaise Comédie de M. de Fontenelle, qu'il eut la foiblesse de composer, & la foiblesse encore plus grande de faire imprimer.

(6) Les la Motte, les Fontenelles, les Saint-Mards, &c. en fait de style affecté, baissent humblement le Pavillon devant Marivaux ; aucun de ses Romans ne va au cœur ; & toutes ses Comédies sont délicatement inintelligibles : cependant la plûpart de ses Piéces réussissoient aux premières représentations ; parce qu'il

» Depuis vingt ans tu marches fur mes traces ;
» Et je defcend du Parnaffe François,
» Trop fatisfait puifque tu m'y remplaces :
» Veux-tu jouir du plus brillant fuccès ;
» Et que Paris te nomme en fes accès,
» L'Auteur du tems & le Peintre des Graces ?
» Profite un jour de mes heureux fecrets...

» Pour réuffir dans le genre tragique ;
» Choifis d'abord un fujet fantaftique ;
» Fais un Recueil de pointes de Sonnet,
» De vers galans, de fadeurs de Ballet,
» De mots nouveaux, & de traits fur les femmes (7) ;
» Joins-y fur-tout grand nombre d'Epigrammes,
» De fentimens paffés à l'alambic,
» D'incidens faux, & de coups de Théâtre ;
» Et fûr alors que Paris t'idolâtre,
» Offre hardiment ton Ouvrage au Public.
» Defires-tu les faveurs de Thalie ?
» N'écoutes point ce Bourgeois fans génie,
» Qui captivé fous l'ancien préjugé,

---

eft bien plus aifé d'admirer les chofes qu'on n'entend pas, que celles qu'on entend.

(7) Depuis quelque tems nos Poëtes tragiques affectent de femer leurs Piéces de traits fatyriques contre les femmes.... Ils pourront fe juftifier en difant, qu'on reprochoit la même manie à Euripide. Ainfi, malgré les affertions des Boileaux, des Rouffeaux, &c. il eft démontré que les modernes fe rapprochent des anciens... du moins en imitant leurs défauts.

» S'il ne rit pas dans une Comédie,
» Maudit l'Auteur, baille, & prend son congé;
» Que ton pinceau n'attaque point le vice;
» C'est en voyant des Portraits de caprice,
» Que le François veut être corrigé :
» De l'Epopée emprunte les maximes;
» Que tes discours s'en trouvent diaprés ;
» Nos Spectateurs devenus magnanimes,
» Veulent y voir des sentimens sublimes,
» Dans de beaux Vers richement encadrés.
» Sur-tout veux-tu maîtriser la censure ?
» Ne suis jamais la voix de la Nature,
» Ne penses point ce que pense chacun ;
» Que tes Projets descendent de la Lune ;
» Avant d'user d'une phrase commune,
» J'aimerois mieux perdre le sens commun.
» Ne peins jamais, mon fils, mais imagine ;
» Tu réussis, s'il faut qu'on te devine...
» Je voudrois même en Citoyen zélé,
» Que sur la Scène un Sphinx fût appellé ;
» Il fixeroit en Juge despotique,
» Le rang qu'occupe un Auteur dramatique ;
» Et tel Auteur se verroit couronné,
» Non, en faveur des sentimens sublimes,
» Qu'il fait entendre au Parterre étonné ;
» Ni pour avoir imité dans ses rimes,
» L'Auteur de Phédre aujourd'hui suranné ;
» Mais pour avoir proposé plus d'énigmes,

Le Sot dormant, par un léger souris,
Semble applaudir au projet romanesque;
Alors Carlet du triomphe d'un fils,
Fait commencer l'étalage burlesque :
Trois Demi-Dieux en Acteurs travestis,
Portent Gildon dans un Sallon grotesque,
Représentant la Scène de Paris;
L'Orchestre joue une triste Chaconne;
Et sur le front du nouveau Favori,
Marivaux place en guise de couronne,
Un vieil laurier par le soleil flêtri ;
Dans sa main droite une Actrice bouffonne,
Met une épée au tranchant émoussé,
Dont se servoit dans le Siécle passé,
Quelque César des bords de la Garonne (8);
Et dans sa gauche un siflet renversé.
Le Peuple alors vient rendre ses hommages,
A ce Phénix dont Phébus est jaloux;
Cent Etourneaux tombent à ses genoux,
Et tous en-chœur chantent dans leurs langages:
» Vive à jamais le Pradon des Bardoux :
» Et qu'il survive encore à ses Ouvrages.

Ces cris de joie élancés dans les airs,
N'éveillent point mes Stupides divers....

---

(8) Un plaisant fit un jour graver sur la lame d'épée d'un Officier très-poltron, quoique très-dévot, ce Commandement de Dieu. *Homicide point ne feras.*

L'épais Gryphos, cet Auteur ridicule
Dont les Journaux pendant dix ans entiers,
Ne furent lus que par des Epiciers;
Le long du Temple entre Homère & Tibulle,
Ayant en vain cherché des Gazettiers,
Plein de dépit ronfloit au Vestibule;
Près de lui vient un Moine défroqué,
Pendant long-tems Professeur Loyoliste,
Ensuite Abbé, Protecteur, Nouvelliste,
Auteur joli, Petit-maître manqué,
Et qui finit par être Journaliste....
Tout érudit, s'il n'est point trop Bardou,
A ce Tableau que je viens de produire,
Reconnoîtra ce Critique jaloux,
Qui par Barda, sous le nom de Satyre,
Fut mis Portier dans le Temple du Goût.

» Mon cher Gryphos, dit le faux Desfontaines,
» Depuis vingt ans tu cherches des Mécènes;
» Et jusqu'ici nul Grand n'est ton soutien:
» Consoles-toi; je deviendrai le tien:
» Et mon amour doit flatter ta manie;
» Car, sur mon chef, dans le cours de ma vie,
» Excepté moi, jamais je n'aimai rien.
» Veux-tu par-tout trancher de l'Aristarque?
» De ton grenier décider en Monarque,
» Les grands débats nés parmi les Sçavans;
» Et devenir un Bardou de remarque?
» A ton esprit joins encor mes talens:

» Si par hasard dans le Siécle où nous sommes,
» On voit en France éclorre des grands hommes;
» De la foiblesse où languit ta raison,
» Sur leurs Ecrits ose venger l'affront;
» Vomis sur eux le fiel de la Satyre; ...
» Dans le Public tu veux te faire un nom ?
» Il faut sçavoir, ou créer, ou détruire;
» Offrir l'encens ou lever l'aiguillon;
» Tu ne pourrois à l'instar de l'abeille,
» Charger de miel une ruche vermeille;
» Il faut piquer à l'instar du frélon....
» Mais un Seigneur que Minerve renie,
» Achete-t-il ta faveur par ses dons ?
» Par ton éloge échauffe sa manie,
» Prens ses accès pour l'élan du génie,
» Et de lauriers embellis ses chardons :
» Par-tout ta plume étant ta seule Egide,
» Ménage un Grand qu'on devroit diffamer :
» Impunément tu ne peux l'allarmer ;
» Et tout Seigneur a droit d'être un Stupide,
» Sans qu'un Critique ait droit de l'en blâmer.
» Pour ce troupeau d'Insectes littéraires,
» Qui se nourrit aux dépens des Libraires,
» Change à ton tour, & d'allure & de ton :
» S'il s'y trouvoit quelqu'Auteur Allobroge,
» Qui refusât d'offrir maint Ducaton,
» Pour acheter mainte page d'Eloge ;
» Fais d'un géant un débile avorton ;
» Rends de ses mots la tournure baroque,

CHANT DIXIÉME. 141

» A ſes diſcours donne un ſens équivoque ;
» Ou ſur les mœurs du moderne Caton,
» Verſe le fiel que vomit Archiloque,
» Ou le venin que diſtille Alecton.
» Mais ſi tu vois l'Ecrivain plus docile,
» Par un pont d'or mériter tes faveurs ;
» En aigle alors convertis le reptile ;
» Malgré l'ennui gagnes-lui des Lecteurs :
» Dis qu'il efface un Paſchal pour le ſtyle ;
» Et par le ton de ſa Lyre facile,
» Les N.... B.... & les D'....
» De nos neveux promets-lui les ſuffrages :
» Et met ſon Livre au-deſſus des Ouvrages,
» De tout grand homme... en exceptant les
  » tiens....

Il dit... ſoudain, de l'Enfer littéraire,
La porte s'ouvre aux yeux des Gazettiers :
Deux Demi-Dieux traveſtis en Sorciers,
Couvrent Gryphos de la peau de Cerbère ;
En traits de ſang on lit ſur ſon collier :
» Reſpectez-moi : j'appartiens à Mégère.
On lui choiſit Gacon pour Chancelier ;
Et ſans attendre un hommage vulgaire,
Lui-même prend pour Sceptre une Vipère,
Et pour couronne un cercle de papier.
A ce beau choix les Ombres applaudiſſent,
De mille cris les enfers retentiſſent :
Mille Sorciers tombent à ſes genoux ;

Et s'escrimant de leurs voix sépulcrales,
Chantent autour des voûtes infernales :
» Vive à jamais le F... des Bardoux.

La même nuit, de chaque Virtuose,
Dame Barda régla l'Apothéose.
La Popliniére apparut à Crassus :
Il l'établit despote de Finance ;
Et lui promit que vingt Sçavans en us,
Le traiteroient de Phénix en Science,
Si tous les jours payant leur éloquence,
Il leur offroit sa table & vingt écus.

Un Petit-maître à la mine follette,
Vint saluer le Marquis Papillon,
Enlumina son teint de vermillon ;
Lui fit sifler une froide Ariette ;
Fixa son trône au pied d'une Toilette,
Et des Caffés le nomma l'Apollon.

Tous nos Bardoux, en derniére analyse,
Eurent le prix acquis par leur sottise ;
Et ce triomphe aux yeux de ce Frétin,
En est plus pur, s'il est plus clandestin.
La Nuit flattant leur imaginative,
Chacun pour soi crut voir en perspective,
Des Pensions, des Cordons, des Festins,
Des Montres d'or, des prix d'Académie,
Et des Brevets d'Ecrivains de génie ;

CHANT DIXIÈME.

Et toutefois tous ces prix d'induſtrie,
N'étoient au fond qu'un brouillard frêle & vain,
Que diſſipa le retour du matin.
Telle fut l'erreur du Héros de Cervante,
Quand il trottoit au gré de Roſſinante :
Le chef couvert de l'armet de Mambrin ;
Le Chevalier tout le long du chemin,
Prétendoit voir un Guerrier ſycophante,
Où l'Ecuyer ne voyoit qu'un Moulin.
Dans ce moment la ſtupide Immortelle,
Des grands ſuccès de ſa troupe fidéle
S'applaudiſſoit dans les bras de Dunskou :
C'eſt Arachné qui couvre de ſon voile,
L'Autel ſacré du Temple de Vinſnou ;
Elle apperçoit le Prêtre à ſes genoux ;
Siége en Déeſſe, au centre de ſa toile,
Et s'applaudit de l'encens des Bardoux.

Barda bénit le Bataillon ſtupide...
„ Mes fils, dit-elle, enfin vous êtes Rois,
„ Etendez donc le cours de vos exploits,
„ Dans tous les lieux où voyagea Candide (9) ;
„ Mettez par-tout la Science aux abois ;
„ Et que du Pole aux Colomnes d'Alcide,

---

(9) Or perſonne n'ignore que Candide voyagea en Allemagne, en Portugal, en France, en Angleterre, &c. enfin dans tous les Pays du monde, & même aux Terres inconnues ; car il fut dans le beau pays d'El-dorado.

» Le monde entier soit peuplé d'Iroquois ;
» Que de Pédans mon Empire fourmille ;
» Que l'Erudit sortant de sa coquille,
» Mette au grand jour son esprit fanfaron,
» Que les Boindins sans craindre la Bastille,
» Dans leurs Ecrits ressuscitent Pyrhon ;
» Et qu'à Paris tout Singe de F....
» S'il n'engourdit comme fait la Torpille,
» Pique du moins comme le Moucheron.
» Sur-tout, Dunskou, si quelqu'un nous arrête,
» Dans l'heureux cours de cet enchantement ;
» Si quelqu'Elève ose lever la crête,
» Dans le Bathos plonges-le promptement ;...
» Peins-lui les Arts sous l'air d'une Colomne,
» Et qu'il préfére en son entendement,
» Le lourd massif qu'elle a pour fondement,
» Au chapiteau qui lui sert de couronne...
» Pour mériter le rang des Demi-Dieux,
» Un Sot long-tems doit ramper à mes yeux ;
» Et mes amis ne trouvent point étrange,
» De voir un art de ramper dans la fange,
» Comme il en est de voler dans les Cieux.
» O mon Epoux.... L'Epoux qu'on moralise,
Ronsloit alors aux pieds de la Sottise :
Alors Barda d'un ton plus adouci ;
» C'est fait, dit-elle, & j'apperçois le monde,
» Enseveli dans une nuit profonde ;
» D'un voile épais le Temple est obscurci,
» L'heureux sommeil que ma faveur procure,

» Par

» Par ſes pavots aſſoupit la Nature ;
» Tout dort enfin.... Je puis dormir auſſi...

Dès que la Reine a fermé la paupiere,
Tout ſe ſoumet à l'Empire des Sots ;
Minerve voit éteindre ſa lumiere,
Et dans l'inſtant on ſent la Terre entiere
Se renverſer dans la nuit du Chaos.

Fin du Poëme.

ANALYSE
RAISONNÉE
DE LA BARDINADE.

LA Stupidité veut établir son Trône dans l'Empire de l'Europe, qui se dit le plus éclairé, & ramener par-là l'Univers à sa barbarie primitive; voilà l'objet du Poëme. Je le dédie à Pope, qu'on nomme l'Arioste de l'Angleterre, quoique la Dunciade soit autant au-dessus de l'Orlando Furioso, que les querelles des hommes de génie, avec les Insectes de la Littérature, sont au-dessus des démêlés d'une Fée avec un Chevalier errant.

CHANT PREMIER.

LA Stupidité s'habille à la Françoise, prend le nom de Madame de Barda; & après avoir fréquenté long-tems la taverne de Ramponneau, l'Opéra-Comique & les Marionnettes de Nicolet, se rend un soir à l'Opéra. On jouoit alors l'Amadis de la Motte : son esprit fut d'abord flatté de l'absurdité qui régne dans cette Pièce ; son cœur fut ensuite ému de la tendre déclaration d'Amadis, pour la fille du Soudan de Thébes ; & se trouvant dans sa Loge auprès du Financier Crassus, elle lui fit part du projet qu'elle avoit conçu de féconder la race des Bardoux. Elle assigne en même-tems un jour pour déclarer son choix à ses Amans, promet un dîner splendide à tous les Sots, sur-tout aux Sots Auteurs ; & lasse enfin de parler, tombe en syncope.... La Renommée descend alors du Ciel de carton, qui couronne le Théâtre de l'Opéra ; prend les traits d'un Marquis, & court en phaëton, répandre la nouvelle du futur hymenée. Le François est naturellement prévenu en sa faveur ; aussi mille Candidats se présenterent d'abord ; & chacun, sans se flatter, crut devenir le Thiton de la nouvelle Aurore.

CHANT SECOND.

LA Salle où Barda reçut ses Prétendans, prêtoit beaucoup à l'imagination du Poëte. Tous les Héros de la maison de la Stupidité s'y trouvoient rassemblés : sous les arceaux du premier perystile, on voit les Souverains stupides ; Midas est à leur tête, & à sa suite paroissent nos Rois fainéans, des Sophis de Perse, des Califes d'Arabie, des Soudans d'Egypte, des Pontifes du Tibet, &c. Le peryſtile du côté gauche est consacré aux Auteurs stupides, & l'Equité a présidé à la distribution de leurs rangs ; les Ecrivains qui ont le plus mérité de la Stupidité, sont ceux qui, outre leurs qualités de Stupides, ont encore l'avantage d'être jaloux, qui non contens de mal cultiver les Belles-Lettres, les décrient encore ; & qui de la fange où ils végétent, osent déchirer les Aigles de la Littérature : aussi Bavius & Zoïle président au nouveau Parnasse avec Deshouliére, l'ennemie du tendre Racine, Gacon le calomniateur de Rousseau, & Philips le meurtrier du créateur de la Dunciade. Les Demi-Dieux de cet Olympe bâtard sont en grand nombre. On y voit de froids Dramatiques, des Pédans de Collége, de minces Rimailleurs, des Prédicateurs ennuyeux, & tout le frétin de la Littérature.

Le Trône de Barda est placé au fond de ce Sallon ; & quatre animaux symboliques en soutiennent le dais. La Tortue annonce les Auteurs pesans ; le Limaçon, les Ecrivains rampans ; le Frélon est l'oiseau favori des Plagiaires ; & le Hibou prédit à toute cette engeance, l'infamie ou la faim.

Des milliers de Sots se rendent dans ce Sallon,

chargés de leurs titres de Nobleſſe; c'eſt-à-dire, de leur ſtupidité : Craſſus, l'Apollon des Financiers, harangue le premier la Déeſſe; Papillon, le Phénix des Petits-maîtres; Baltus, le Coryphée des Pédans; & Gryphos, l'Apôtre des Gazettiers, parlent après lui : mais Barda qui ne trouve à aucun de ces Orateurs, le cœur & l'eſprit aſſez gâtés pour prétendre à ſon Hymen, les reconnoît tous pour ſes fils, mais n'en admet aucun pour Epoux.

CHANT TROISIÉME.

L'AMANT aimé n'étoit point un Sot vulgaire : il avoit fait, jadis, des Apologies du Matérialiſme & des Tragédies ſiflées; & depuis dix ans il ſe nourriſſoit des feuilles de F... Il ſe leve un matin ſans ſçavoir s'il dîneroit ce jour-là; & repaſſant dans l'amertume de ſon cœur, tous les revers qu'il a eſſuyés, il maudit ſa Métromanie, F...., & toute la Littérature : ſa bile s'échauffe enſuite par dégrés; & jettant un coup d'œil de déſeſpoir ſur les Manuſcrits qui étoient épars autour de lui, il projette tout-à-coup de brûler ces monumens du bel eſprit moderne, & de périr lui-même avec eux. Déja la pyramide littéraire eſt conſtruite; le feu a conſumé une Ode &

quelques Tragédies ; mais un coup de Théâtre vient changer le dénouement de la Tragi-Comédie. Crassus, l'ancien Protecteur de Dunskou, (c'est le Héros qui devoit se brûler,) vient lui faire présent du Château de la Finance, & d'un emploi de Fermier Général. Barda entre un moment après, & le déclare son Epoux ; car il étoit juste que le plus stupide des hommes en fût le plus heureux.

CHANT QUATRIÉME.

Barda se hâte d'initier Dunskou dans ses mysteres secrets, & le conduit dans l'Antre de Morphée. Nos Epoux parcourent d'abord le Parc ténébreux qu'habitent les Esprits aëriens qui président aux Rêves ; ils y contemplent avec satisfaction l'Arbre immense où sont logés les Rêves poëtiques, l'Orme qui reçoit les Rêves de l'ambitieux, & celui qui est consacré aux Rêves des Amans : mais ils ne voyent point sans frémir le Cèdre élevé qui renferme les Rêveries de tous les esprits créateurs, depuis Platon jusqu'à Montesquieu. Dunskou & sa Maîtresse pénétrent ensuite sous le berceau où repose le Dieu du sommeil : mon Néophyte parcourt la Bibliothéque de Morphée, tombe sur une Ode en Prose, baille, s'affoupit & s'endort... La Stupidité profite du moment, éveille le Dieu fon frere, & le prie de développer à fon Epoux dans un rêve fa naiffance, fon pouvoir & fes diverfes métamorphofes. Morphée donne un figne d'approbation, & tous nos Acteurs s'endorment ; ce qui termine naturellement le Chant.

CHANT CINQUIÉME.

Tout en dormant, Morphée ordonne au Demi-Dieu Phantafe de montrer à Dunskou dans une vifion la naiffance de fon Epoufe, fon pouvoir & fa gloire ; tout en rêvant l'Efprit aërien exécute les ordres de fon Chef : il prend l'habit d'un Jéfuite, fon regard faux & fon air patelin, & fe préfente à notre Héros fous les traits du fameux Pere Hardouin. Le faux Loyolifte apprend à Dunskou que long-tems avant la naiffance du monde, Barda nâquit de la Nuit & du Chaos ; qu'elle végéta long-tems dans le fein de l'abyme ; & qu'après la création de l'Univers, elle defcendit fur la Terre pour y chercher un Trône & des Sujets : Phantafe trace enfuite le portrait de l'Etre-Roi que l'Etre fuprême venoit de créer ; c'étoit l'homme innocent. La Stupidité défefpéra d'abord de s'introduire jamais auprès de lui. Elle reprit courage quand elle le vit perdre son innocence. Elle courut se jetter dans les bras de l'Animal-Roi, & ses embrassemens opérerent en lui une étrange métamorphose. Son imagination fut enveloppée d'un épais rideau ; toutes ses facultés perdirent leurs forces primitives : sa raison vit éteindre sa lumiére, & l'homme enfin commença à être stupide dans le moment où il commença à être criminel.

CHANT SIXIÉME.

LE faux Hardouin sçavoit que, pour instruire efficacement son stupide Néophyte, il falloit lui parler aux yeux, & émouvoir par des images sensibles sa lourde imagination ; aussi il monte avec lui sur l'Hyppogriphe, & se rend au haut du Pic de Teyde dans l'Isle de Teneriffe. Dunskou contemple avec admiration l'étendue de la partie du globe où régne la Stupidité : il y a des climats où la barbarie n'a jamais dégénéré ; il en est d'autres où pendant un tems la Science osa s'introduire ; mais la fille du Chaos y recouvra bientôt son Temple & ses Adorateurs. Entre ces dernieres contrées, Phantase fait remarquer à Dunskou l'Empire de la Chine, jadis illustre par Confucius, mais devenu le centre de l'ignorance &

du mauvais goût, depuis qu'une révolution a mis un Tartare fur le Trône de la famille de Cang-hi. De la Chine il tranfporte fes regards dans l'Egypte, Province qu'on a regardée long-tems comme le berceau des Sciences, mais qui perdit fes lumiéres avec fa liberté. Il étoit naturel de paffer enfuite en revue les quatre âges fameux qui fervent d'époque pour la renaiffance des Lettres, mais qui par leur peu de durée femblent encore contribuer au triomphe de la Stupidité. L'Hiérophante fait confidérer à fon initié cette petite contrée de la Grèce où régnerent les Solons & où maintenant commandent les Eunuques... L'Italie deux fois illuftrée par les plus beaux monumens de la Science & du bon goût, qui jadis vit naître dans fon fein des Virgiles & des Pétrarques, & qui ne produit aujourd'hui que des Maîtres de Mufique & des Faifeurs d'entrechats... Enfin, la France qui dans le Siécle de Louis XIV, furpaffa fans doute les trois âges d'Alexandre, d'Augufte & des Médicis, parce qu'elle s'enrichit de leurs découvertes, & qu'elle y ajoûta encore les fiennes; mais dont la gloire eft totalement éclipfée, depuis qu'on préfére la phrafe au fublime, l'efprit au génie, & les Parades aux Tragédies de Corneille.

CHANT SEPTIÉME.

Dunskou ignoroit encore, comment cette Déesse dont on venoit de lui étaler les triomphes, n'étoit autre que Madame de Barda. Phantase, pour satisfaire sa curiosité, lui développe l'ordre des métamorphoses de l'Immortelle. La Stupidité reçut de son pere la puissance de prendre toutes les formes qu'elle jugeroit à propos, d'animer tout être, & de vivifier la tête d'un Newton, comme la coquille d'un Escargot. En vertu de ce pouvoir, on la voit souvent végéter sur le Trône, & régir de stupides Sujets, sous le nom de Mahomet : elle policia les Peuples le fer à la main, éteignit le sçavoir dans le sein de l'Arabie, & composa les deux tiers de l'Alcoran ; sous celui de Chi-ho-am-ti, elle proscrivit dans la Chine les Lettrés & les Sçavans ; & sous celui d'Omar elle fit mettre en cendre la fameuse Bibliothéque des Ptolémées. Presque tous les Trônes d'Europe semblent aujourd'hui fermés pour elle depuis qu'à Versailles, à Vienne, à Berlin, à Nancy & à Petersbourg, les Rois protégent les Sciences & sont eux-mêmes sçavans ; mais elle s'en venge avec usure sur les Monarques d'Asie, qui gouvernent par les mêmes Loix leurs Etats & leurs Serrails... Un des goûts favoris de la

Stupidité, est de se métamorphoser en homme de Lettres : tantôt elle remplit les Mercures de Logogryphes & d'Amphigouris ; tantôt elle travaille pour le Théâtre, & y fait boire l'ennui à pleine coupe : elle prend indifféremment les traits d'un Pédant, d'un Journaliste ou d'un Protecteur ; & aujourd'hui pour favoriser Dunskou, le Phénix des Sots, elle en fait son Epoux... Le faux Hardouin parloit encore quand le Soleil parut sur l'horison ; aussi-tôt l'Hyppogriphe chargé de nos deux Visionnaires, s'élance du haut du Pic de Teyde, s'abbat dans le Parc de Morphée, & notre Héros se réveille.

CHANT HUITIÉME.

AU sortir de l'Antre de Morphée, nos deux Epoux rencontrent Crassus & une légion de Bardoux qui venoient dîner avec eux au Château de la Finance. La description de cet Edifice & de ses Appartemens occupe la plus grande partie du Chant : & le sujet prêtoit assez à la raillerie ; car on sçait qu'un Financier a rarement du goût, que les ornemens de ses Palais sont placés sans choix, & que tout ce qu'il fait construire, n'est qu'un amas de grandes petitesses. On parcourt alternativement les Jardins, l'Edifice & la Bibliothéque ;

tous nos Sots paroiſſent ravis en extaſe, & penſent qu'après le bonheur d'être des Inſectes littéraires, la plus grande félicité que l'homme puiſſe éprouver, eſt d'être Financier... Les deux Epoux conduiſent enſuite leur Cour au Feſtin nuptial ; ce Repas eſt digne du Financier qui le donne, & des Sots qui en font les Convives. Les quatre parties du monde ſemblent avoir contribué à ſa magnificence ; c'eſt le Feſtin d'un Vitellius, ordonné par une Cléopatre. Nos Erudits y tiennent ſéance avec plus de ſatisfaction encore qu'ils ne la tiendroient à l'Académie : cependant pour faire briller leur eſprit, ils ſe mettent à railler avec leur fineſſe ordinaire, les ennemis de la Finance, & démontrent par d'ingénieux Sophiſmes que les Traitans ſont les colomnes de l'Etat & les ſoutiens du Parnaſſe. Leur entretien ſur cette matiere commençoit à s'échauffer, quand on apporta ſur la table en guiſe de deſſert un Saumon de vermeil : Barda prévenant les queſtions des Convives, promit de faire préſent de ce poiſſon précieux au Bardou qui imagineroit le projet le plus prompt, pour ſoumettre à la Stupidité la France littéraire. Deux Rivaux ſe préſentent d'abord ; l'un propoſe de remplir d'Académies, toutes les villes, villages & hameaux de la Monarchie ; l'autre veut qu'on préſente une Requête au Roi, pour qu'il défende à tout Libraire d'imprimer quelqu'Ouvrage que ce ſoit, s'il n'eſt d'abord reviſé & corrigé par F... mais Dunskou s'étant levé & ayant déclaré que le parti le plus sûr & le plus prompt qu'on pouvoit prendre, étoit de mettre le feu au Temple du Goût; on le déclare vainqueur, & le prix lui est adjugé.

CHANT NEUVIÉME.

C'ÉTOIT sur la fin d'un Repas qu'une Courtisanne engagea Alexandre à mettre le feu au Palais de Persépolis : Barda & son Epoux font valoir la même circonstance pour l'incendie du Temple du Goût. Nos Bardoux la flamme à la main se rendent au vieux Louvre; car où seroit le goût, s'il n'étoit à l'Académie Françoise ? Ici commence la description du Temple du Goût; & l'on s'appercevra aisément que cet Edifice n'est point copié d'après celui de Voltaire. Au Vestibule paroît la Muse de l'Histoire gravant sur l'airain les Ecrits d'Hérodote, de Tite-Live, de Tacite & de M. de Thou : vers le milieu du Temple sont placés les Orateurs célébres, tels que les Demosthènes, les Cicerons, les Fléchiers, les Bossuets & les d'Aguesseaux : le long du peryftile gauche paroissent une multitude de Favoris du Dieu du Goût, qui se sont signalés en divers genres; on y distingue Paschal, Lucien, Fontenelle, la Motte & Montesquieu : de l'autre côté résident les Poëtes célébres dans presque tous les genres, & ils sont présidés par Rousseau : le Sanctuaire est consacré aux Dramatiques ; Eschyle y est placé à côté de Crébillon, Sophocle entre Corneille & Shakespéar, & Euripide au milieu de Racine & de Quinaut : un peu au-dessous d'eux Aristophane joue avec Moliére, Terence & Regnard... Enfin autour de l'Autel même du Dieu sont placés cinq Trônes éclatans de lumiere : Homère occupe le premier, Virgile le second, le Tasse & Milton les deux suivans, & le dernier est réservé pour le Chantre célébre de Henri. Tel est ce Temple dont la construction a coûté tant de Siécles de travaux, & qu'un incendie va détruire en un moment. Barda y entre au milieu de la nuit à la tête de ses stupides Favoris, fait charger de chaînes la Critique qui en gardoit l'entrée, & met à sa place la Satyre, sous le nom de l'Abbé Desfontaines. La cohorte profane inonde le Parvis & le Sanctuaire ; & le Louvre devient bientôt l'image de Troye embrâsée : cependant Barda triomphante signale sa clémence pour les vaincus, & fait arrêter les progrès de l'incendie. On dérobe à la flamme tous les mauvais Ouvrages des Auteurs les plus célébres ; & pour constater cet événement glorieux, on dresse un Trophée, sur lequel on écrit en lettres d'or : *Vive le Goût, & vive la Sottise.*

CHANT DIXIÉME.

CE Chant est destiné à l'Apothéose des Guerriers qui ont si bien servi la Stupidité & son Epoux. Les Demi-Dieux Rêveurs se répandent dans le Temple embrâsé, & bâtissent à l'envi, la chimérique félicité de nos Héros endormis. Baltus est élu le Régent des Bardoux, Gildon leur Pradon, & Gryphos leur F'... Crassus est établi despote de Finance ; & Papillon, l'Apollon des Caffés : enfin chaque Sot croit voir en perspective, des Cordons, des Montres d'or, des Pensions & des Brevets d'Ecrivain de génie. Les Rêves, ministres de la Stupidité, pour mieux jouer leur rôle, prennent les traits de divers Ecrivains : l'un prend la figure de Ramus, & donne des préceptes de Pédantisme ; l'autre usurpe le visage de Marivaux, & donne une recette admirable pour faire des Tragédies ou des Comédies ; un autre enfin prend l'air de l'Abbé Desfontaines, & enseigne l'art de faire des Journaux..... Barda satisfaite du triomphe de ses Favoris, s'endort dans les bras de son Epoux ; & dans l'instant tout s'endort dans la Nature, & la Terre entière se renverse dans la nuit du Chaos.

FIN.

www.ingramcontent.com/pod-product-compliance
Lightning Source LLC
Chambersburg PA
CBHW070411090426
42733CB00009B/1623